Series＝地方史はおもしろい07

だから地方史研究はやめられない

地方史研究協議会＝編

文学通信

◉目次

第3部　いったい何者だったのか!?

第4部　それでもしたたかに生きていく

※本書では引用に際して、原文を損なわない範囲で表記を変更、振り仮名および句読点、清濁を整えた。

はじめに――本書のたのしみ方

地方史研究協議会会長　久保田　昌希

シリーズ「地方史はおもしろい」は、地域の歴史を学び研究する方はもちろん、日本史に興味をもつ若い読者に「地域史研究」の魅力を伝えるものです。身近な場所に多様な資料が残されていることへの気づき、そして地域資料から日本の歴史がどのように立ち現れてくるのか、地域史研究のおもしろさや醍醐味を知っていただきたい、そのような思いで刊行を継続してきました。

直近に刊行した四冊は、庄内・信越・大阪・徳島と地域を限り、各地の歴史的な特色を明らかにしたものです。これは、本会が、毎年秋にいずれかの都道府県で研究大会を開催し、その翌年に研究報告の内容をまとめた大会成果論集を刊行してきたスタイルと大きく関わるものです。しかし、大会成果論集は、最新の研究成果を集約した論文集としての性格があるため、初学者にはやや難解な内容も含んでいます。そこで、地域史研究の成果を広く分かりやすく紹介するため、本会の創立七〇周年を期に企画したのが、シリーズ「地方史はおもしろい」の刊行でした。

どこから読んでいただいても、おもしろい本書ですが、以下、各論考のエッセンスをご案内しましょう（なお、論題に続くカッコ内には、執筆者と論考の対象地域を示しています）。

第1部は「**もう一つの世界から歴史を見る**」と題して、三つの論考を収載しました。視点や視線をかえることによって、新たな歴史的世界が立ち上がってくることを教えてくれる論考です。

「**海の領主忽那氏の海城警固**」（山内譲　愛媛県）では、瀬戸内海の海城と、そこを拠点に活躍した海の領主が論じられます。現在は無人島となっている小さな島（クダコ島）が、眼前の航路をにらむ要塞として機能し、そのため応仁の乱に際しては、この島の忽那氏配下の在番衆に重要な情報がもたらされました。また、戦国時代の海城・鹿島城の守備にあたった忽那氏配下の賀島衆は、独自の規約を定め、大名権力から相対的に自立していました。瀬戸内海の小さな島から日本の歴史を展望すると、海城警固のエキスパートを抱えた忽那氏の姿が浮かびあがってきます。

「**竹からみた江戸時代**」（小林准士　島根県）は、松江藩領内の史料から見えてくる江戸時代の竹林管理の実態を紹介しています。竹は武具や建築部材として日常的にも必要でしたが、松江城下の大火や、ペリー来航以降の大坂湾の警衛などによって一時的に需要が高まると、竹が不足、払底する事態も生じました。人の手が入らなくなり荒れたままになっている現在の竹藪のすがたからは想像し難いのですが、商品としての竹の重要性と、官民をあげて竹山の維持管理につとめていた様子を史料は教えてくれます。

「**太平洋戦争下の箱根・熱海ツアー**」（松本洋幸　神奈川県・静岡県）は、暗いイメージのある戦時下において、旅行を楽しむ大勢の人々がいたという驚くべき事実を、旅行者の手記からたどる論考です。手記を通してみえてくるのは、観光客で溢れかえる箱根であり、満室で宿を探すのに苦労する熱海の様子です。一種の「オーバーツーリズム」ともいえる現象がおきていました。戦争が始まると人々は耐乏生活を余儀なくされたと思われがちですが、旅行者やタクシー運転手、宿屋の番頭の様子から、娯楽や利潤を欲し、たくましく生きる人々のすがたが見えてきます。

第2部は「**こんなところからも歴史が見えるぞ！**」と題し、史料はもちろん、金石文・史跡・伝承など、さまざまな地域資料に注目しながら歴史を読み解いていく論考を配しました。

「**沼津市霊山寺の梵鐘銘文を読む**」（厚地淳司　静岡県）は、静岡県指定文化財の梵鐘に刻まれた一五六文字を丁寧に解読した論考です。南北朝時代に造られたこの梵鐘は、遠江国府がおかれていた府中（見付・現磐田市）に所在した蓮光寺に寄進されたものでした。筆者は、梵鐘の製作者を国府の近くに定住した鋳物師集団と推測し、銘文と時代背景を重ね合わせることで、その鋳物師集団を掌握していった守護の権限拡大の一端が垣間見えることを示唆します。さらに、追刻された銘文や他の資料からは、梵鐘が遠江や三河の諸寺を転々としていたことも判明します。

「**慶長三年の常総国境争いをめぐる鉄火塚と鉄火棒**」（栗原健一　茨城県）は、鉄火裁判をめぐる地域の伝承を紐解く論考です。常陸国と下総国の境界を定めるため、焼いた棒を握ることで神意を占う鉄火裁判が行われ、その場所が史跡「鉄火塚」として残されています。さらに、その際に使用されたといわれる鉄火棒も伝えられているたいへん珍しい事例です。鉄火裁判の具体的な内容を伝える資料は、近代になって書かれた歴史叙述に依拠していますが、注目されるのは裁判に敗れた川崎播磨の子孫らによって、現在も播磨の慰霊が継続している点です。

「**『島原の乱』関係史料との出会い**」（若山浩章　長崎県・熊本県・宮崎県）では、かの剣豪宮本武蔵が、島原の乱で投石により怪我をしたという史料を出発点に、史料の森の奥深くへと入り込んでいった筆者の経験が語られています。複数の史料を通して浮かび上がってきたのは、生々しい戦場の実態と、戦乱における投石の破壊力についてでした。元教員だった筆者のたいへん親しみやすい語り口は、若い読者に歴史探求のおもしろさと魅力を伝えてくれます。と同時に、「事実を知ると己の認識が変わる」との言葉には、歴史研究の本質が端的に示されています。

「**石碑と石材から地域の歴史を読み解く**」（兼平賢治　岩手県）は、筆者らが主体となって進めている石碑の悉皆調査をもとに、身近な場所に散在している石碑から、大きな地域の歴史が読み取れることを教えてくれる論考です。特定の地域にまとまりをもって分布する「西国順礼塔」や「牛馬塔」からは、その地域の信仰や生業を見いだすことができます。また、使用された石材を調べることで、舟運や流通の実態が浮かび上がってきます。一つ一つの石碑がもつ情報を積み重ねることによって、岩手県の大きな歴史を描こうとする試みです。

第3部は「**いったい何者だったのか!?**」と題し、多角的な視点で人物にアプローチをした三つの論考を配しました。

「**道観長者とは何者か**」（渡邊浩貴　奈良県・三重県）は、東大寺二月堂の「お水取り」に使われる松明を調進する行事をめぐって、行事の創始者とされる「道観長者」を検証したものです。史料とフィールドを重ね合わせ、道観長者のイメージが近世の山野紛争を経て形成されたことや、道観の名が二月堂の本尊名号に由来することなど、たいへんユニークな視点で伝説にアプローチしています。また、道観長者の伝承が、現代の調進行事を支える伊賀一ノ井松明講の人々にとって、自己のアイデンティティを語る存在になっているとのたいへん興味深い指摘もしています。

「**墓石・系図・新出資料から読み解く漆仲買人**」（桐生海正　神奈川県）では、江戸時代の漆液仲買人の与兵衛について、その研究を深めていった経験が時系列的に語られています。資料館所蔵の古文書をもとにした与兵衛に関する研究を一区切りつけた筆者ですが、その後の地域の人々との交流をとおして、多様な資料が見出され、さらに研究が深められていきました。墓石や系図、近代の屋敷の鳥瞰図、寄進した鳥居、そして新出の古文書など、多様な資料が見出され、研究が広がりをもっていく過程もまた、地域史研究ならではのおもしろさです。

「**牧士とは何者か**」（高木謙一　千葉県）では、幕府直営の牧場を管理した「牧士」と呼ばれた役人（武士）を紹介しています。放牧による自然繁殖に任せていた江戸時代、土手や樹木などで仕切られる程度であった牧を管理していたのが牧士でした。牧士は、野馬捕りや馬の成育状況の把握、土手の普請などの仕事に従事しました。しかし、幕府への軍用馬の供給を目的としていた牧が、周辺農村も含めた林産資源の獲得の場へと変容していくなかで、間伐された樹木の周辺の村への払い下げや、植林などの林産に関わる役割が追加され、牧士の性格も変化していきました。

第4部「**それでもしたたかに生きていく**」も人物に焦点をあてた論考ですが、ここで描かれているのは巨大な力に屈することなく、時にはそれを利用しながら生き抜いた人々の物語です。

「**伊達政宗を翻弄した大内定綱**」（佐藤貴浩　福島県）は、南奥州の戦国時代を、政宗に敗れた大内定綱に注目することで捉え直そうとする試みです。政宗に攻められた定綱は、家臣が皆殺しにされて敗北を喫しますが、仇敵である政宗に臣従する意向を示したばかりか、知行を得るための交渉をすすめ、家の存続を図ることに成功しました。敗れた定綱がなぜそのような強気の交渉に出たのか、複雑な南奥州の勢力関係について筆者の解説をご覧ください。敗者の側から歴史をみると、政宗の視点で語られがちな戦国時代の南東北が、異なる風景としてみえてきます。

「**庄屋『御用日記』から見た八戸藩の百姓一揆**」（三浦忠司　青森県・岩手県）では、八戸藩に要求をつきつける百姓たちのすがたが描かれています。「稗三合一揆」とその後の訴願により示された百姓たちの要求は、日々の暮らしを立ち行かせるために必要なものであり、そのため藩も方針の修正に応じざるを得ない内容を含んでいました。庄屋の「御用日記」に書き留められていた八戸藩からの沙汰は、藩と百姓たちとの間のせめぎ合いを具体的に教えてくれます。藩権力に抗う百姓たちの強い意志が感じられます。

「**地域をつなぐ商人の活動**」（宮坂新　千葉県）は、館山の一商人・有田屋佐七と、越後新発田藩との争論を取りあげたものです。紀伊国有田郡出身の有田屋は、酒造や絞油業を営み、廻船を所有して江戸での商業活動を行う有力商人でした。代金の支払いをめぐる新発田藩と有田屋の争いは、館山藩も巻き込む事態になりますが、有田屋には新発田藩に否があることを主張できる明確な証拠書類がありました。有田屋が館山藩役所に提出した文書には、新発田藩に対する憤りや皮肉が書き込まれていて、藩と対等に交渉ができる資金力や文書管理能力、自負が垣間見えます。

第5部の「**かくして信仰はひろがった**」は、信仰や祭りに関連する四つの論考で構成しました。

「**知られざる道元頂相**」（長谷川幸一　福井県）は、曹洞宗大本山の永平寺にかつて伝来した頂相をめぐる論考です。「永平寺本」と呼称する本頂相は、室町時代に制作されたもので、道元の頂相として貴ばれたものですが、他見を許さないものとして秘蔵されていました。江戸時代には永平寺本をもとに木版頂相が作られ、各地の曹洞宗寺院に広く流布していきます。しかし、永平寺本そのものは、享保期には虫損によって補修ができないほどに傷みがすすみ、文化一一年（一八一四）までには失われてしまった可能性があることを本稿は指摘しています。

「**ザビエル来豊の経路と南蛮貿易港日出の姿**」（平井義人　大分県）は、日本にキリスト教を伝えた宣教師ザビエルの、文字通りの足跡を辿った論考です。山口を出発したザビエルが、豊後府内の大内氏館まで、どのような手段・道程でやってきたのかを問うています。近年は海路説が有力ですが、筆者は布教を重んじるザビエルは長い距離を歩いて移動して日出まで辿り着き、そこから別府湾を渡るために船を利用したとみます。この陸路説をとることによって浮かび上がってくるのが「日出港」の重要性で、筆者はその意義をさまざまな史資料から裏付けています。

「**高野山への信仰と参詣の旅路**」（山下真理子　東京都・和歌山県）は、高野山に対する信仰を広げた高野聖の布教活動と、高野山を旅する人々の姿を、現在の東京都世田谷区にあたる村々の史料をもとに読み解いた論考です。前者については、高野山子院から派遣された使僧が、どのように地域に受け入れられたのかを具体的に示しています。後者については、高野山への旅が先祖供養を目的とする信仰の旅であると同時に、伊勢参詣や京坂・奈良、四国まで足をのばす遊山の旅でもあり、そのために莫大な路銀が必要だったことにも言及しています。

「**『神社日誌』から読み解く祭りの変遷**」（須永敬　福岡県）では、西日本最大の修験霊山英彦山の神道化と、それに伴う神社の祭りの変遷をたどります。ここで用いられる「神社日誌」は、明治一二年（一八七九）から昭和三〇年（一九五五）まで書き継がれた記録です。修験時代の芸能を復活させることで、祭りの参列者を取り戻そうとする動きなど、時代と地域の変化に応じて、神社の祭りが復古・創造・変容していく様子が明らかにされます。筆者が着目する「神社日誌」には地域資料としての可能性が秘められており、新たな研究の広がりを予感させるものです。

第6部「**これからのアーカイブズの話をしよう**」は、地域資料を保存することの意義と実践に関わる三本の論考を配しました。

「**武家の北海道移住とアーカイブズの移動**」（三野行徳　北海道・宮城県）は、名だたる戦国武将の資料などが、北海道に伝来した背景を考察したものです。これらは明治維新後、開拓移住によって新たな活路を見い出そうと決意した大名や家臣たちが持ち込んだものでした。武家としてのアイデンティティ、あるいは主従関係の記憶を証明する記録が選択され、人々と一緒に海を渡りました。他所から持ち込まれたアーカイブズではありますが、ふたつの地域の歴史と移住の記憶を結びつける大切な文化遺産であり、その継承を図っていく活動の重要性が説かれています。

「**在来木綿からタオルへ**」（西向宏介　兵庫県）では、日本のタオルメーカーの草分けであった加古川市の稲岡工業株式会社に残された資料群を取りあげます。特定の企業に残されたものですが、江戸時代の一大木綿産地にあって姫路藩最大の木綿問屋に成長した稲岡家の歴史と、明治時代のタオル製造業への転換により地元の織物生産者を救済しようとした過程をうかがい知る資料群であり、これらは地域資料そのものであるといえます。企業の倒産により残された膨大な資料群が、地元の方々の手によって守られ、地域の共有遺産となった活動は意義深いものです。

「**高知の山奥までやってきた戦争**」（小幡尚　高知県）は、高知戦争資料保存ネットワーク（現高知地域資料保存ネットワーク）が整理してきた資料のひとつ、口目ヶ市集落の「常会記録」を通して、戦時下の山村のくらしを明らかにする論考です。記録からは、戦局が厳しくなるなか、定期的に開催される常会でどのような話し合いがもたれていたのか、その様子を具体的に知ることができます。また、供出や配給の記録から山村のくらしの変化が明らかになります。地域に眠る資料を発掘し、誰もが利用できる形で保存していく活動と深く結びついた事例研究です。

ところで、本書は当初、石川編の刊行を計画し、石川県内の研究者を中心に健筆をふるっていただいておりました。しかし、二〇二四年一月一日の能登半島地震を受けて、石川編の執筆・編集作業は延期を余儀なくされました。関係の皆様の一日も早い復興を祈念申し上げますとともに、改めて石川編の刊行を期したいと思っております。

その石川編の代替企画として、本書は本会の評議員・委員・常任委員が執筆を行うことになりました。突然の計画となりましたが、執筆者各位のご協力により、前述の二〇本の論考を収めることができました。収録した論考では、全国に評議員・委員を有する本会の性格とも相俟って、北海道から九州まで日本各地に残る資料が幅広く取り上げられています。地方史研究の基礎は紛れもなく「地域」そのものであり、地方から歴史を考えることに重きをおいて研究活動を行ってきた本会の特徴が、本書にも表れています。

そして、第6部の三本の論考からも明らかなように、地方史の研究を進めるためには、地域資料の継承もあわせて考えていかなければなりません。そのため本会は、地域の歴史研究とともに、地域資料の保存と活用をはかる活動をおこなってまいりました。身近な地域の歴史を豊かに描いていくためには、地域資料の発掘・調査につとめ、次世代に引き継いでいくことが大切であり、今後その果たすべき役割はますます大きくなっていくものと思われます。

巻頭でも述べたとおり、本書は若い世代の読者に向けて、地域の歴史を研究する醍醐味を伝えていくことを念頭に編みました。寄せられた二〇本の論考は、執筆者ひとりひとりが地域資料と向き合い、現場で考え、実践をしてきた記録であり、メッセージにもなっています。そして、各論考の行間からあらためて感じとれたことは、地域資料を読み解くことの楽しさであり、地域で歴史を考えることのおもしろさでした。

本書を通して思うことはひとつ。だから「地方史研究」はやめられない。

第1部　もう一つの世界から歴史を見る

1

海上警固のエキスパートの歴史的役割とは

海の領主忽那《くつな》氏の海城警固《うみじろけいご》

山内　譲

対象地域
愛媛

1 「海の領主」と「海城」

瀬戸内海の海上勢力忽那氏の活動について述べるにあたって、タイトルに含まれている聞きなれない用語について説明しておきたい。まず「海の領主」である。この用語を最初に意識的に使い始めたのは、網野善彦氏である。それまで陸の歴史中心であった日本の歴史を、海からの視点で見直すことを重要視した網野氏は、「海の領主」を、「海民」を支配下に入れている武士団であると定義し、流通路をおさえて商業活動に従事したり、関所を設けて通行料を徴収したりすることも「海の領主」の一部ととらえている（網野：一九九二・一九九四）。それに対して筆者は、「海の領主」を海賊と区別し、島嶼部や海辺部に活動の拠点をもち、陸地部の所領経営にもかかわりつつ、海運や商業活動など海にかかわる諸業に従事し、その過程で蓄積した水軍力を駆使して海上での軍事活動にも加わる存在、ととらえることにしたい（山内：二〇二二）。

次に、「海城」についてである。「海城」とは、海に接して立地し、海上交通や海上軍事にかかわる城のことである。城と海のかかわり方には、地形や立地条件によってさまざまな形があるから、「海城」のとらえ方は研究者によって異なっているが、筆者自身は、周囲一㎞に満たないような小さな島全体を要塞化した城を「海城」ととらえている（山内：二〇一五）。海城は、海賊衆村上氏が本拠とした芸予《げいよ》諸島に多く見られるが、それ以外にも海上勢力の活動がみられる海域には、遺構が残されている。

そして、そのような海城にかかわった忽那氏というのは、西瀬戸内海において中国地方と四国地方をつなぐ役割をはたしている防予《ぼうよ》諸島海域を活動舞台とした海の領主である。その本拠は忽那島（愛媛県松山市）で、防予諸島のうち四国寄りの島々は、とくに忽那諸島とよばれている。いってみればここが〝忽那氏の海〟であった。

忽那氏の歴史は古い。すでに平安時代末期には、後白河上皇が建てた長講堂の荘園忽那島荘の荘官としてその姿が見え、鎌倉時代には、本領安堵の鎌倉御家人としての地位を得ていた。そして、南北朝時代には、南朝方の水軍の一翼を担って瀬戸内海各地で活動し、戦国時代には、伊予の戦国大名河野《こうの》氏の配下となってその重臣としての地位を占めた。忽那氏は、その活動の様子を伝える多くの古文書を残し、それらは「忽那家文書」として今に伝えられている（国指定重要文化財）。ここで取り上げるのは、そのうちの一通である。

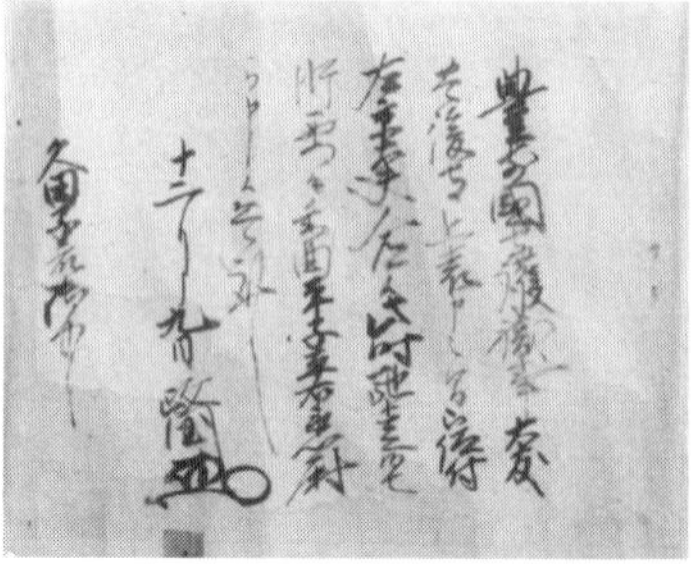

【写真１】細川政国書状（「忽那家文書」）

2　応仁の乱と久田子衆

〔史料１〕

豊前国守護職事、大友豊後守上表申之間、被仰付左京大夫入道候、此時馳走候者、肝要候、委曲平子平右衛門尉可申候、恐々謹言

十二月九日　政国（花押）

久田子衆御中

※書き下し

豊前国守護職の事、大友豊後守上表申すの間、左京大夫入道に仰せ付けられ候、此の時馳走候はば、肝要に候、委曲平子平右衛門尉申すべく候、恐々謹言

十二月九日　政国（花押）

久田子衆御中

本文書は、政国という人物が久田子《くだこ》衆にあてて発した書状である。政国は、花押の形状等から判断して細川政国と見ることができる。細川政国は、いわゆる細川典厩家《てんきゅうけ》に属し、畿内周辺の分郡守護などを務めながら細川本宗家である京兆家《けいちょうけ》を補佐し、明応四年（一四九五）八月に死去し

た人物である。応仁の乱のころに、東軍の中心人物細川勝元の周辺にいた人物ということができよう。

　宛所となっている久田子衆というのは、久田子城の在番に当たっている集団のことである。本文書が「忽那家文書」の一通として伝えられていることを考えれば、久田子衆は、忽那氏配下の者たちによって組織されていたものと思われる。彼らが在番していた久田子城というのは、忽那諸島の一角、忽那島と怒《ぬ》和《わ》島《じま》にはさまれた狭い水道（クダコ水道ともよばれる）の中央部に位置するクダコ島に築かれた海城である（以下、現在地名は地図上の表記に従ってクダコと表記し、城郭名は史料上の表現に従って久田子と表記する）。クダコ水道は、防予諸島を通過する際の重要水路の一つで、そこでは潮流が川のように流れている。

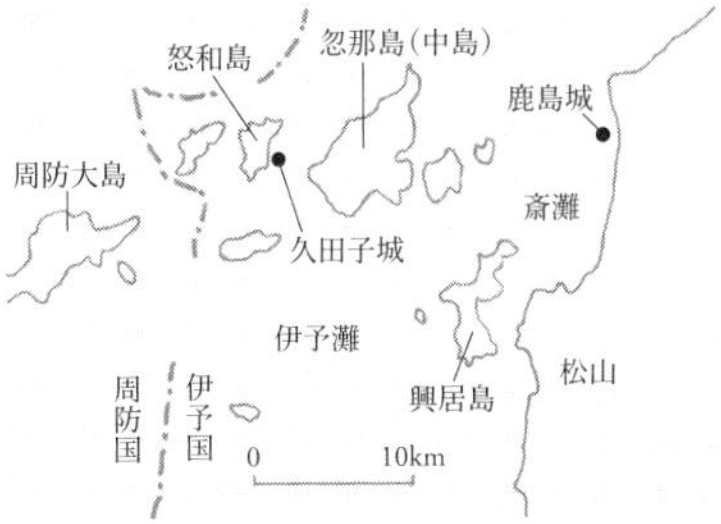

【図1】忽那諸島とその周辺

　久田子城は、今もクダコ島に遺構を残している。島は周囲約九〇〇mほどの無人島で、長く放置されたままで雑草が生い茂り、遺構の状態はわかりにくくなっているが、それでも頂上部を中心にして、斜面上にいくつかの曲輪《くるわ》（城郭の中の区画）が確認されている。眼前の航路をにらむことを目的にして忽那氏がクダコ島全体を要塞化したのが久田子城であるといえよう。

細川政国が久田子衆に伝えた内容は、簡略であるが、興味深いものである。豊前国守護職のことについて大友豊後守が上表申したので、左京大夫入道に仰せ付けられたことを伝え、あわせて自軍への「馳走」、すなわち協力を求めている。大友豊後守は、細川政国との関係から考えて当時の大友家の当主親繁《ちかしげ》とみることができる。親繁は子の政親《まさちか》とともに応仁の乱では東軍に属し、西軍の大内氏と九州各地で戦った人物として知られる。

もう一人の左京大夫入道というのは、東軍方の大友親繁が豊前守護職を「上表」したということから考えて、同じ東軍方の大内道頓《どうとん》（教幸《のりゆき》）のことと考えることができる（小林：二〇〇八）。道頓は、西軍方の有力者大内政弘《まさひろ》の叔父にあたるが、政弘の背後を脅かそうとする東軍方の働きかけをうけて、文明二年（一四七〇）二月頃に長門国で反大内政弘の兵を挙げた人物である。そこには大友親繁の支援もあった。

このようなことを考えると、史料1は、おりからの応仁の乱に関連して、中国地方西部、九州北部でおこった大内道頓の反乱事件を背景にして発せられたものであることがわかる。そして細川政国は、久田子衆に対してその情報を伝えるとともに、自軍への「馳走」を求めたのである。このような事情を考えるならば、年代もおそらく文明二年にあたるであろう。

それにしても、当時の東軍方の大立者ともいうべき細川政国が、西瀬戸内海の小さな海城の在番衆に対してそのような情報を伝え、「馳走」を求めたことにはどのようなねらいがあったのだろうか。それはおそらく、北九州での争乱の展開についての政国の見通しや思惑と関係があるものと思われる。政国は、場合によっては大内道頓や大友親繁が北九州での争乱に勝利し、その勢いを駆って東軍方として瀬戸内海を攻め上ってくることを想定していたのではないだろうか。そのような想定のもとで政国は、瀬戸内海各地の海上勢力に協力を求め、そのうちの一通が史料1として忽那家に残ったものと思われる。もしそうであるとすると、久田子衆やその背後にいる忽那氏もまた、応仁の乱における東西両軍の駆け引きの中に取り込まれていたことになる。ただ実際には、大内道頓の反乱は、この書状が発せられた一二月には鎮圧されたので、政国の遠謀は結局徒労に終わることになった。

いずれにしても、史料1は、防予諸島を抜けていくクダコ水道の海上交通上の重要性と、その水道に面する久田子城に詰めて航路の監視に当たっていた久田子衆の軍事的役割の大きさを示しているといえよう。

3　海城警固のエキスパート

応仁の乱が終わると、瀬戸内海においても戦国時代の様相が濃くなっていく。そのようななかで海城警固に従事する忽那氏の役割もさらに大きなものになる。それを示すのが次の史料2である。

〔史料2〕（「忽那家文書」）

賀島衆中

一　久田子以来の旨に任せ、弥《いよいよ》方々余儀無く当城を専らにすべき事

一　前々の如く掟何篇の儀も、十人は六人申方へ准ずべし、但し敵方弓矢に望む輩においては、その同心有るまじき事

一　衆中において喧嘩の儀は、親子兄弟なりとも道理に任せ堅く成敗を致すべし、私の少用につきて他行の時は、衆中の儀を得べき事

右、掟条々件の如し、

明応八年十二月七日　　通宣（花押）

これは、史料1の約三〇年後の明応八年（一四九九）に、伊予の戦国大名河野通宣《みちのぶ》（刑部大輔）が「賀島衆中」にあてて出した文書である。文末に「掟条々」と記されていることからもわかるように、賀島衆中が守るべき掟を定めたものである。宛先となっている賀島衆というのは、鹿島城（中世には賀島と表記されることが多いが、現在地名は地図上の表記に従って鹿島に統一する）に在番して同城の守備にあたっていた集団のことである。そしてその賀島衆もまた忽那氏配下の者たちであり、この時期忽那氏は戦国大名河野氏の支配下にあった。

鹿島城は、愛媛県松山市北条の沖合いに浮かぶ鹿島に築かれた城である。鹿島は、陸地から約

四〇〇m離れたところに位置する周囲約一七〇〇m、標高一一四mの島で、鹿島城はその島全体を要塞化した海城である（写真2参照）。島は、近代において公園化され、海城にとって重要な海面との接点の地形は改変されているが、城の遺構はよく残されていて、今も本丸や二の丸の曲輪跡を確認することができる。

頂上部の本丸跡に登ると、西に忽那諸島、北に芸予諸島を望むことができる。芸予諸島はいうまでもなく、能島《のしま》・来島《くるしま》・因島《いんのしま》を中心とする海賊衆村上氏の支配したところである。このような眺望は、鹿島城が忽那諸島から芸予諸島に至る海域斎灘《いつきなだ》をにらみ、そこを航行する船舶を監視する目的で築かれた海城であることをよく示している。中世においては、クダコ水道あたりを抜けた船舶はそのまま北上して安芸国蒲刈島《かまがりじま》（広島県呉市）に至るのが一般的な航路であり、中世末期になると、防予諸島から東進して芸予諸島東部に至ることが多くなった。

【写真2】海城としての鹿島城

この掟書の内容で重要なのは、第一条である。そこには、久田子以来の旨に任せて当城（鹿島城）の守りを専らにすべきことが命じられている。これによれば、賀島衆は久田子城の守りに当たっていた面々であることがわかる。応仁の乱の時期には忽那諸島において航路の監視の任に当たっていた集団は、戦国期に入って斎灘の重要性が増してくると、かつての経験を買われて鹿島城に移され、新たな任務に就いたのである。そのことは、久田子衆とか賀島衆とかとよばれるこの集団が、海城警固のエキスパートと認識されていたことにほかならない。

ちなみに、第二条以下の記述も城の在番にあたる集団の規約として興味深いものである。第二条では、「何篇の儀も、十人は六人申す方へ准ずべし」と述べている。何か問題が生じた時には、一〇人のうち六人が賛成する方に従えというのである。つまりここでは、多数決の原理によって物事を決しようとしていることがわかる。ただそれには、「敵方弓矢に望む輩」、すなわち敵方に心を寄せる者にはその権利はないという但し書きがついていた。

また第三条では衆中において「喧嘩」が発生した時には「道理」に任せて成敗すると述べている。のちに戦国大名の力が強大化すると、大名たちは、家臣団内部で「喧嘩」が発生した場合、家臣相互の自力解決を否定して、いわゆる喧嘩両成敗原則を確立していくが、ここでは、「道理」に任せて賀島衆が集団内部で解決を図ることが求められている。つまり戦国大名河野氏の側からみれば、家臣団統制の未確立、賀島衆の側からみれば、大名権力からの相対的自立という現象を読み取ることができよう。

史料１・２を通して、海城警固に当たる忽那氏の姿を見てきた。そこには、戦国時代の瀬戸内海で活動した海の領主の一つのあり方がよく示されているといえよう。そしてそれは、多様な海上勢力が様々な形で海の歴史にかかわった戦国時代の一面を表しているともいえる。

参考文献
・網野善彦「西海の海民文化」（網野善彦ほか『海と列島文化4　東シナ海と西海文化』小学館、一九九二年）
・網野善彦「海の領主、海の武士団」（『朝日百科日本の歴史別冊8　武士とは何だろうか―「源氏と平氏」再考―』朝日新聞社、一九九四年）
・小林可奈「伊予守護と忽那氏」（『史艸』四九号、二〇〇八年）
・山内　譲『瀬戸内の海賊―村上武吉の戦い―〈増補改訂版〉』（新潮社、二〇一五年）
・山内　譲『海の領主忽那氏の中世』（高志書院、二〇二一年）

2 竹からみた江戸時代

最重要資源の需要と供給

小林准士

対象地域
島根

1 竹藪の今昔

近年、管理の行き届かなくなった竹林で竹が繁茂しすぎて様々な問題を引き起こしていることがニュース等で報じられている。繁殖力の高い竹は地下茎を通じてどんどん広がってしまうため、人の手によって管理しなければ人間社会にとって厄介な存在になってしまうようだ。

しかし一昔前まで竹は日常的に使う様々な器具の材料として用いられるなど、極めて有用な植物であった。籠、笊、傘、笛などの楽器、弓矢など、現在では石油を原料としたプラスチックで造られているものなどの多くが竹製であった。また、土壁の中に用いられるなど、建築用材としての需要もあった。このように竹に高い需要が見込まれる状況は江戸時代も同様で、竹藪、竹林に人の手が入らないという事態よりは、むしろ枯渇しないよう資源として管理することのほうが課題であったことが地域史料からは窺える。

たとえば島根県の中央を流れる江《ごう》の川流域では、川沿いに竹や柳を植えて「水除《みずよけ》」（堤防の役割）

としていた。しかし百姓の中には竹を伐り取ったり筍を採ったりしてしまう者が絶えなかったようで、明治六年（一八七三）には中下流域の村々の地主たちが集まって議定書を作成し、小前の者が勝手に竹藪に入ることを取り締まることにした（「為取替申儀定書之事」古代出雲歴史博物館寄託江津市桜江町中村久左衛門家文書）。

また、江の川流域の石見国では小作人が地主から耕地を借りるだけでなく、家屋や周辺の山林も借りることが多かった（株小作、借屋小作などという）。その際、この中に竹藪も含まれている場合があった（享和二年正月「相渡申畑方山林竹藪小作家之事」同前など）。小作人や小前百姓らにとって、食料や竹材が得られる竹藪は生活を支える場であったことがうかがえよう。

2　領主による竹藪の管理

いっぽう百姓らを支配した武家領主らも多くの竹を必要としていた。中世には軍勢による竹木の伐採を禁じた制札が寺社に下されることがあったように、弓矢だけでなく、城を攻める際に鉄砲を除ける竹束など、軍隊は実戦で竹を多く用いていた。ただし天下統一によって平和が訪れた後も武家領主は竹の確保に余念が無く、このため領主所有の山林の中には竹が生えている箇所も設定されていた。

たとえば石見国銀山附幕領の御立山（官有林）には、才坂《さいざか》村の上才坂山（島根県大田市富山町才坂、三瓶山北麓）に七町（約七ha）の竹山があり（島根県教育委員会：二〇一二）、御立山全体の面積の〇・一一％を占めていた（仲野：二〇〇五）。尤もこうした竹山の管理は百姓に委ねられることもあり、文政五年（一八二二）には同領川本村の重郎兵衛が一五ヶ年季で乙原村《おんばら》（島根県美郷町乙原）の竹山を請け負っていたことが知られる（「文政五年銀山方日記」前掲中村久左衛門文書）。利用形態は不明であるが、収益の上がることが請け負いの前提となっていたであろう。

石見国銀山附幕領の東隣り、出雲国松江藩領にも、宝暦四年（一七五四）時点で一二箇所（神門《かんど》郡三ヶ所、意宇《いう》郡九ヶ所）の「御立藪」があり、それとは別に「矢篦竹《やのちく》」の御立山が六五箇所（島根郡九・楯縫《たてぬい》郡二四・意宇郡三〇・飯石《いいし》郡二）もあった（「雲陽大数録」『松江市史史料編5近世Ⅰ』）。

3　武士たちの竹需要

矢の原料として用いられる矢篦竹を育成する場所が多く設けられていることから分かるように、平時であっても武士にとって弓矢などは必要で、このため多くの竹が求められていた。松江藩ではこれらの竹の伐採のために藩役人が領内を巡回しており、天明二年（一七八二）には秋鹿《あいか》郡内で「御弓竹・御指物竹・御小屋竹・接穂竹・御矢篦竹」が伐り取られ、表のように代米が支払われている。弓と矢だけでなく、旗指物の竿に用いられた外、小屋などの建材としても用いられたことが分かる。またこの年には同郡内で御普請（藩による土木工事）が行われており、木材のほか「葉

【表】出雲国秋鹿郡割り当ての竹代

竹寸法	本数	1本当代米（斗）	代米合計（斗）
8寸	10	0.232	2.320
7.5寸	10	0.120	1.200
7寸	18	0.112	2.016
6寸	14	0.092	1.288
2寸小から竹	69	0.004	0.276

（出典）「天明二年御用留」『松江市史史料編7近世3』（松江市、2011年）

竹」「竹針」（「天明二年御用留」『松江市史史料編7近世Ⅲ』）の調達が村々に割り当てられていた。このうち葉竹は「正月御門餝《かざり》御入用」ともあり、門松などを設けるのにも用いられたことが分かるが、竹針は土木工事に用いられる山道具の一つであった（「土工記」『松江市史史料編5近世Ⅰ』）。

また同藩の軍用方役所は天保期には領内一〇郡に割り当てて毎年秋に二五〇〇本の撓竹《しないだけ》を調達していた。用途は明確でないが、剣術の稽古に利用した竹刀《しない》の需要などが想定できる。天保二年（一八三一）には二五〇〇本のうち一〇五本が秋鹿郡で（島根県立図書館蔵池尻家文書「御用留」）、安政四年（一八五七）には同じく二五〇〇本のうち二七二本が大原郡で（京都大学大学院法学研究科図書室蔵「出雲国大原郡御用留」）、いずれも九月二〇日までに送るよう指示されており、恒常的な需要のあったことがうかがえる。

4 建築用材としての需要

こうした武具や武芸に必要な竹のほか、武士たちの住む城下町では建築材として竹が用いられることも多かった。安政四年（一八五七）に藩主松平定安が松江に帰城する前には、「御帰城御待受け御修復御入用」ということで藩主を出迎えるために建物が修繕されることになり、多くの竹が必要となった。特に尺竹四二本・九寸竹八本（一尺、九寸はそれぞれ周囲の寸法）の調達に当たり藩は、「最近は竹がまれとなっていて特に大竹は払底している。このため村々にいる請負人も準備することができないでいる。これらの竹は筧《かけひ》（水を導く樋《ひ》）に用いることになっているので、川に流しては割れてしまうため陸送せざるをえない。もしその郡にあるならば、どの竹を何本準備でき、運送費はどのくらい掛かるかを書いて提出せよ」と、二月二一日に大原郡役人宛てに通達している（前掲「出雲国大原郡御用留」）。そして四月二一日には、九寸竹二本・尺竹三本（山王寺村）・九寸七歩竹一本（里方村）が大原郡からは供給されることになり、同二三日までに松江末次土手町の因幡屋源十郎まで送るように指示された（同前）。

これらの史料からは、竹を調達するにあたり村々には請負人となる業者がいたこと、城下町松江には因幡屋のほか、さきほど触れた撓竹の送付先が松江堂形《どうがた》町の川本喜惣方となっていることなどから、城下町には竹問屋のあったことが分かる。竹材は商品として民間で流通しており、指定した業者から買い上げることがあった一方で、領内村々にも割り当てて調達するという方法をとっていたようだ。

このため、次に掲げる史料に見られるように城下町で大火があった際などには、大量の竹の調達が村々へ緊急に割り当てられた。

〔翻刻文〕

覚

高弐百本之内
一、五寸○六寸竹百八拾本
同弐千本之内
一、三寸竹千弐百本
同弐千本之内
一、大柄竹千弐百本
同七拾束之内
一、小柄竹四拾弐束
同百五拾本之内
一、稲杭九拾本
同弐百束之内
一、縄百弐拾束
同三千〆之内

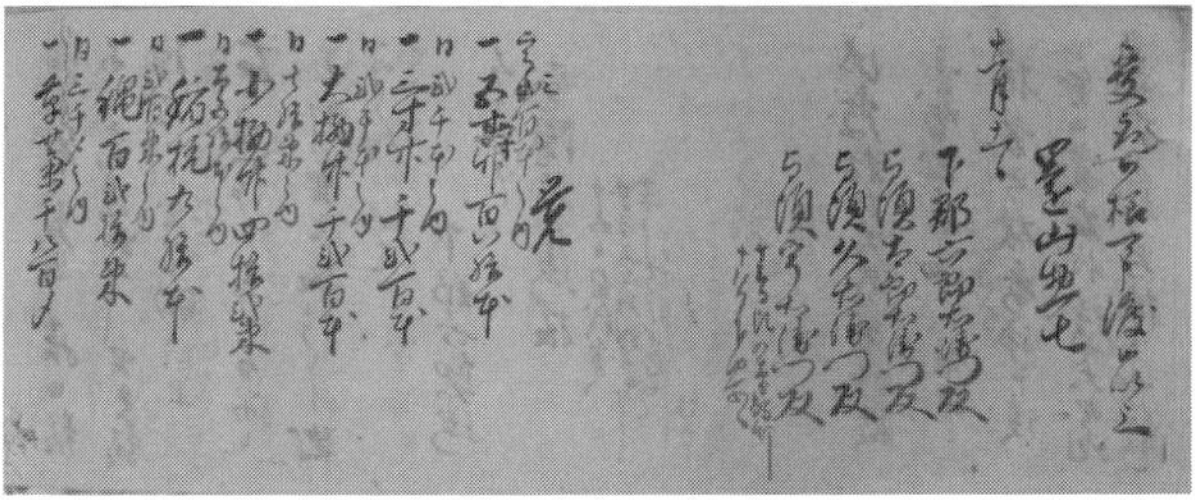

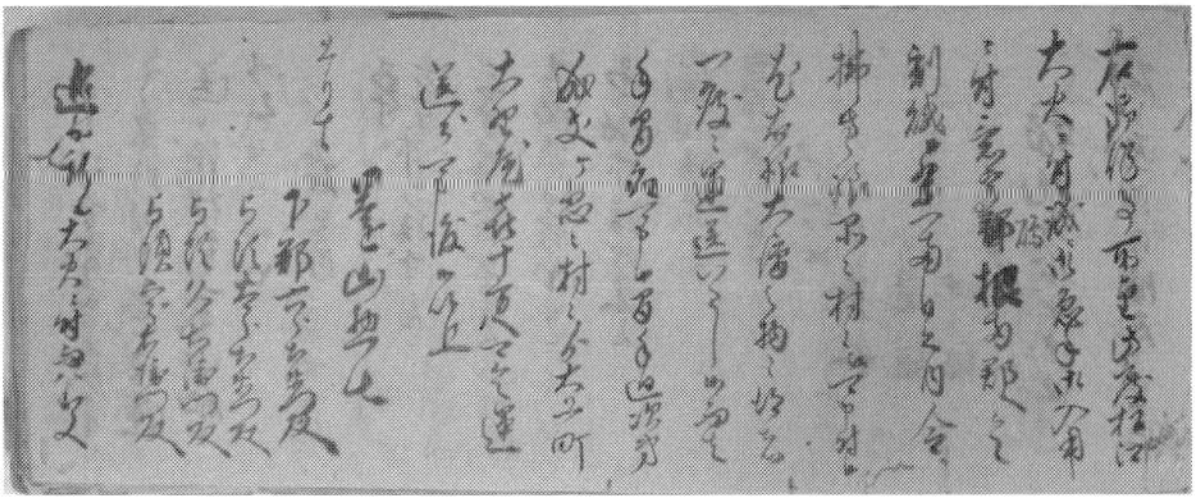

一、草藁千八百〆
右御作事所望、此度松江大火ニ付誠ニ御急手御入用ニ付、意宇・島根両郡へ令割賦候条、一両日之内令払方候様品々村々江可申付候、尤右様大層之物候得者一度ニ運送いたし候而者手間取可申候間、手廻次第成丈ヶ急々村々より大工町大野屋喜十方へ可令運送旨可申渡候、以上

（嘉永五年）十一月十日　園山惣七

下郡六郎右衛門殿
与頭太郎右衛門殿
与頭久右衛門殿
与頭宇右衛門殿

追加斯ル大火ニ付而ハ本文品々御労小屋出来入用之条、片時も急々令運送候様、格別可令心配候、以上　（出典）松江市宍道町木幡家文書「御用留」（『松江市史史料編７近世Ⅲ』所収）

〔読み下し〕
右御作事所望み、このたび松江大火に付き誠に御急手御入用に付

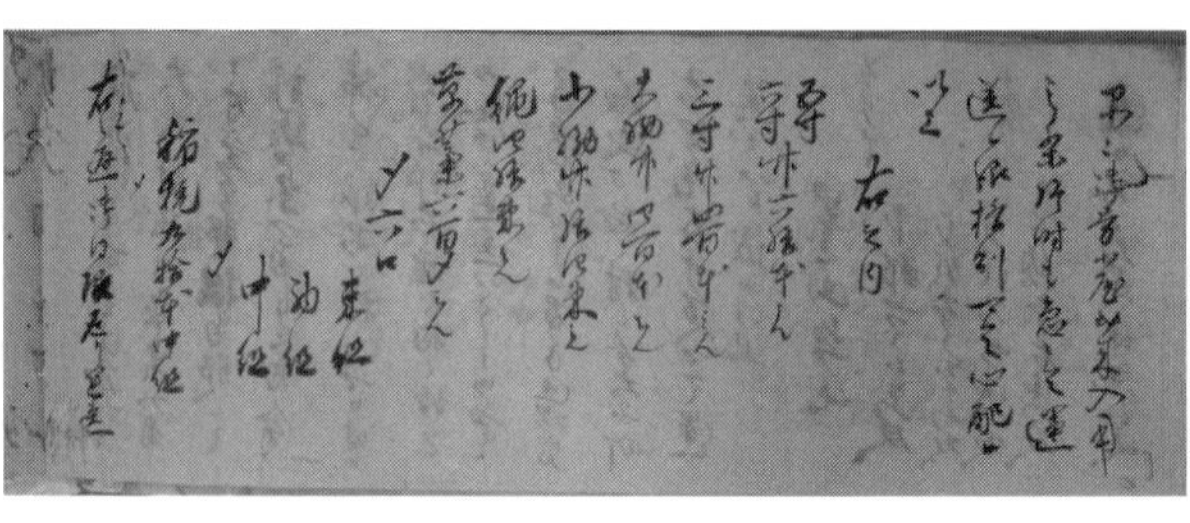

き、意宇・島根両郡へ割賦《わっぷ》せしめ候条、一両日の内払方せしめ候様品々村々え申し付くべく候、尤も右様大層の物に候えば一度に運送いたし候ては手間取り申すべく候間、手廻り次第なるだけ急々村々より大工町大野屋喜十方へ運送せしむべき旨申し渡すべく候、以上

（中略）

追加、かかる大火に付きては本文品々御労《おいたわり》小屋出来入用の条、片時も急々運送せしめ候様、格別心配りせしむべく候、以上

〔現代語訳〕

右は御作事所が所望している資材であり、このたびの松江大火のため本当に急いで必要としているので、意宇・島根の両郡に調達するよう割り当てたところである。この二日間のうちに納めるよう村々へ申し付けよ。但し右のように物量が多いので一度に運送しては手間が掛かるであろうから、準備が出来次第、急いで村々から大工町の大野屋喜十のほうへ運送するように申し渡しておくこと。以上。

（中略）

追加。このような大火に当たっては本文に色々とあるように御労小屋を建てるのに必要であるので、少しでも急いで運送するよう特別に気を配ること。以上。

右の史料からは、松江城下の白潟地区で発生した大火後の嘉永五年（一八五二）一月に、焼け

出された人々を手当てするための避難施設（「御労小屋」）が藩の建築担当部門である作事所によって建設されることになり、そのために大量の竹材が必要となったことが分かる。この史料自体は、松江城下に近接する意宇郡・島根郡の村々に対する竹材供出の割り当ての内、五、六寸竹三〇〇本のうち一八〇本など、藩の郡奉行であった園山惣七から意宇郡に対して連絡がなされた際のものであった。

このように都市の災害などがある場合は、一時的に竹材の需要が著しく高まる状況となったことが窺える。

5　軍需の増大と竹不足の発生

こうした竹の需要増大は、ペリー来航以降、対外的な緊張が高まり、諸藩の軍勢に江戸湾や京坂の警備が幕府によって命じられるようになると、拍車が掛かることになった。松江藩も江戸湾の本牧《ほんもく》の警衛に続き、安政四年には大坂安治《あじ》川口の警衛を命じられると、「大坂御警衛御用」として同地に小屋を建設することになったようで、その資材に充てるために、大原郡に対しては上八寸竹一八本・六寸竹四三本が割り当てられた。六月二〇日には、竹の品質をよく見極めたうえで、同月二八日までに松江城下石橋町の地行場《じぎょうば》（建築資材置き場）まで回送し、軍用方の役人に報告するよう、郡奉行から郡役人に通達があった（前掲「出雲国大原郡御用留」）。これらの竹は城下町の松江を経由して舟運で大坂まで届けられたことが想定され、藩士らの領外における活動の増加が竹材の需要増大につながっていたことが分かる。

このような事情もあってか、前述した帰城する藩主定安を待ち受けるために建物の修繕をすることになり竹を調達した際の通達にも「当時竹稀之折柄」「大竹ハ払底」との文言が見られた。もっとも、竹が不足しているとの認識は次に掲げるように従前から見られた。

〔翻刻文〕

近年竹木払底ニ付而御用差閊候、依之在々御立山之一巻去春別紙ヲ以申渡候通、尤百姓腰林ニ至迄竹木生立ツ之(マヽ)様可被申付事

(正徳四年正月一一日「覚」、「国令後編」『松江市史中料編6近世Ⅱ』)

〔読み下し〕

近年竹木払底に付きて御用差し閊《つか》え候、これにより在々御立山の一巻、去る春別紙を以て申し渡し候通り、尤も百姓腰林に至るまで竹木、生い立つの(マヽ)様申し付けらるべき事

〔現代語訳〕

近年、竹や木が不足し手に入らず御用に支障が生じている。これにより、村々にある藩の山林については別紙に申し渡した通りとし、百姓が持つ山林においても竹や木が育つように申し渡しておくこと。

正徳四年（一七一四）という、一八世紀前半頃にも竹の不足が藩によって問題とされ、御立山だけでなく民有林での育成が図られたことが分かる。また、享保二年（一七一七）正月一一日の「覚」では、竹木の他国（領外）への販売が禁じられた（前掲「国令後編」『松江市史史料編６近世Ⅱ』）。

こうした措置が長きにわたってなされていたにもかかわらず、幕末には竹が不足するようになった結果、安政四年には次のような措置が執られることになった。

〔翻刻文〕

当時竹払底、御家中御成御用御差閊ニ付、七寸以上之竹者猥ニ相対伐採不致よふ、委細先達而申談置候処、追々御用も済寄候方ニ候処、いまた不相済候先きも有之候得共、七寸以上伐採差留候而ハ相対売買差閊不宜候間、七寸以上迠も不伐尽候様、相対売買も不差閊候様、売買見計可取計候、此段早々村々へ可申渡候、以上、

十一月廿二日　　雨森甚大夫

下郡　　十一月晦日

四人宛

与頭

（前掲「安政四年大原郡御用留」）

〔読み下し〕

当時竹払底、御家中御成り御用御差し閊えに付き、七寸以上の竹は猥りに相対伐採致さざる

よう、委細先達て申し談じ置き候処、追々御用も済み寄り候方に候ところ、いまだあい済まず候先きもこれあり候えども、七寸以上伐採差し留め候ては相対売買差し問え宜しからず候あいだ、七寸以上とても伐り尽さず候よう、相対売買も差し問えず候よう、売買見計らい取り計らうべく候、この段早々村々へ申し渡すべく候、以上、

〔現代語訳〕

現在、竹が不足していて御殿様の家臣たち邸宅への御成り（渡御）の準備にあたり支障が生じているので、（周囲）七寸以上の竹は勝手に当事者同士の合意で伐採しないよう詳しく以前に伝えて置いたところである。その後、御成りも済みつつある一方で、まだ済んでいない御成り先もあるけれども、七寸以上の竹の伐採を停止させたままでは民間における売買に支障が生じてしまい、よろしくない状況である。したがって、七寸以上の竹については、伐り尽くさないようにしつつ民間の売買にも差し支えないよう、見計らいながら売買を調節するようにせよ。このことについて早く村々へ申し渡すこと。以上。

「竹払底」といっても特に不足していたのは周囲が七寸以上の太い竹であったようで、松江に帰った藩主定安が渡御する予定となっていた重臣邸の修繕工事に必要な竹を確保するために、藩は許可無しの伐採と売買をいったん停止にしていたのであった。しかしそれが長く続くと民間での供給に差し支えるということで停止措置を解除したのであるが、七寸以上の竹を伐り尽くして

しまうことのないよう注意喚起も行っている。
このように様々な用途に必要であった竹は、御立山や民有林で育成され、城下町にあった竹問屋などを通じ売買されて民間の需要を満たすとともに、買い上げられたり村々に調達が割り付けられたりして領主によっても大量に消費されていた。官民双方における需要が高まる中、育成や流通が管理された商品であったことが窺えよう。江戸時代は竹が管理さるべき資源として強く意識されていた時代であったと言える。

参考文献

・島根県教育委員会『銀山古事覚書』（石見銀山歴史文献調査報告書8、島根県教育委員会、二〇一二年）
・仲野義文「近世期石見銀山における生産資材の調達とそのシステム」（『古代文化研究』一三、二〇〇五年）
・松江市史編集委員会編『松江市史　史料編5　近世Ⅰ』（松江市、二〇一一年）
・松江市史編集委員会編『松江市史　史料編6　近世Ⅱ』（松江市、二〇一三年）
・松江市史編集委員会編『松江市史　史料編7　近世Ⅲ』（松江市、二〇一五年）

3
太平洋戦争下の箱根・熱海ツアー
戦争の最中に旅行を楽しむ人々

松本洋幸

対象地域
神奈川・静岡

1　高まるツーリズム

昭和戦前期の日本について、「戦争」というキーワードを抜きに語ることは恐らくできないだろう。昭和六年（一九三一）九月の満州事変を発端に、同一二年七月の盧溝橋事件に始まる日中戦争、さらに同一六年一二月からの太平洋戦争、そして同二〇年八月の敗戦に至るまで、日本は少なくとも約八年間は戦時体制の中にあった。

しかし人々の生活のすべてが「戦争」一色で覆われていたかというと、必ずしもそうではない。日中戦争が始まると、国内は軍需景気に沸き、百貨店や映画館は連日賑わいを見せ、都市部のラジオ受信世帯数は約半分にまで迫り、皇紀二六〇〇年（昭和一五年）に全国各地で開かれた記念行事に人々はこぞって参加した。太平洋戦争が始まってからも暫くはこうした事象は継続し、人々の消費生活に対する思いは戦局が悪化するなかでも完全に消え去ることはなかった。

ここで取り上げたいのは、昭和一三年から一七年にかけて異様な高まりを見せたツーリズム（旅行ブーム）である。当時の戦争は「総力戦」と呼ばれ、戦争遂行のために国内のあらゆる物的・人的・精神的資源を動員するものであった。広範な戦争協力を求めるためには、国民一人一人の身体を健全に保ち、適度な栄養・教育と休息・娯楽を与える必要がある。国の側でそれを主導したのが、昭和一三年一月に誕生した厚生省（現在の厚生労働省）であった。同省は、医療衛生や社会政策などを扱う役所で、現在私たちの生活の一部となっている医療制度、社会保険制度、母性保護などの仕組みはこの頃から整備され始めていった。また厚生省では、ナチス・ドイツのワンダーフォーゲルに範をとって、全国各地にユースホステルなどの厚生施設を設置し、青年徒歩旅行運動を進める。旅行は、単なる「物見遊山」ではなく、「健全な」娯楽たることが求められた。

一方、軍需景気のなかで、国民の間では、登山・スキー・海水浴などのレジャーが盛り上がりを見せたほか、神社・仏閣・聖蹟へと向かう旅行客が増加した。人々は「心身鍛錬」「戦勝祈願」などを口実に、いわば戦時体制を逆手に取るかたちで、旅行を楽しんだわけである。戦時輸送を優先させたい鉄道省などでは、不要不急の旅行を自粛するよう呼びかけるが、ツーリズムの波はなかなか収まりを見せなかった。明治時代までの旅行と言えば、上流階級や大学生がその中心を担っていたが、この頃には都市のサラリーマンや労働者、さらには女性や子供たちにまで広がっていた。この現象を、ソーシャル・ツーリズムと言う。

こうした戦時下のツーリズムの高まりについては、既にいくつかの研究成果が発表されているが、個々の人々がどのようにツーリズムに関わっていたのかについては、今後さらに深めていかなくてはならない分野である。本章では、個人の日記の中から、戦時下のツーリズムの一端を垣間見たい。

2　鶴見の町医者・渡辺歌郎

ここで紹介するのは、横浜市鶴見区で個人病院を経営していた渡辺歌郎《わたなべうたろう》という人物である。彼は明治元年（一八六八）四月一一日、現在の茨城県石岡市に生まれた。父・玄英の家業を継ぐべく茨城医学校に入学したが、同校が廃校になったため、明治二一年に愛知県医学校に入学、在学中に検定試験に合格した。その後、東京の順天堂病院にて内科・外科・婦人科などの研究活動に従事している。

歌郎は明治二七年四月に鶴見に個人医院を開業した。そのきっかけは、鶴見で医院を経営していた岩村友軒《いわむらゆうけん》の二女と結婚したことであった。岩村家は代々医者の家柄で、東海道筋に家を構え、旅費に困る者や旅芸人などの面倒をよくみていたそうである。友軒は、地元の子弟たちのために寺子屋を開く一方、西洋医学を学びつつ地域の医療活動と教育活動に腐心していた。二女のみを子も、助産師の資格を持っていた。

その後、いったん歌郎夫婦は石岡へと移った。しかし友軒の長男が医学の道を断念したため、

①渡辺医院の職員たち。中央が歌郎・みを子夫妻
（横浜市史史料室所蔵「手島温子家資料」）

代々続く医院が途絶えてしまうことを懸念した友軒の懇願を容れて、明治三〇年に歌郎は岩村医院を継ぐことになった。鶴見地域には明治四二年に総持寺が移転し、大正時代半ば以降には浅野造船所など数多くの重化学系工場が進出し、大正末年には人口五万人を数えるほどの工場地帯へと変貌していく。歌郎は病院の経営に当るかたわらで、学校医、会社医を嘱託されるなど、約半世紀にわたり地域医療を担うことになった。歌郎の温厚で高潔な人柄は信望を集め、神奈川県学校医会長を長くつとめたほか、神奈川県医師会・横浜市医師会の幹部を歴任した【画像①】。

歌郎は「感要漫録《かんようまんろく》」と題する手記を残している。ただし現存するものは第六・七巻のみで、他の部分は戦災等によって散逸してしまったようである。第六巻には、太平洋戦争中の戦況報道をはじめ、渡辺医院の経営や家産状況、戦時下の人々の生活が刻印されている。第七巻には、太平洋戦争敗戦に苦悶する歌郎の心境、疎開地での生活、敗戦直後の鶴見地域の様子などが記されている。ここでは、第六巻に記されている「函嶺《かんれい》の歓楽」

という一節を取り上げたい。昭和一七年（一九四二）四月、箱根・熱海を家族で旅した時の記録である。

3　観光客で溢れかえる箱根

太平洋戦争が始まって約四か月後の昭和一七年（一九四二）四月三日、渡辺歌郎は、娘の歌子、孫の温子の三人で、箱根・熱海への旅行に出かけた。孫・温子（小学校六年生）が進級試験で優秀な成績を挙げたことから、そのご褒美をかねての家族旅行であった【画像②】。

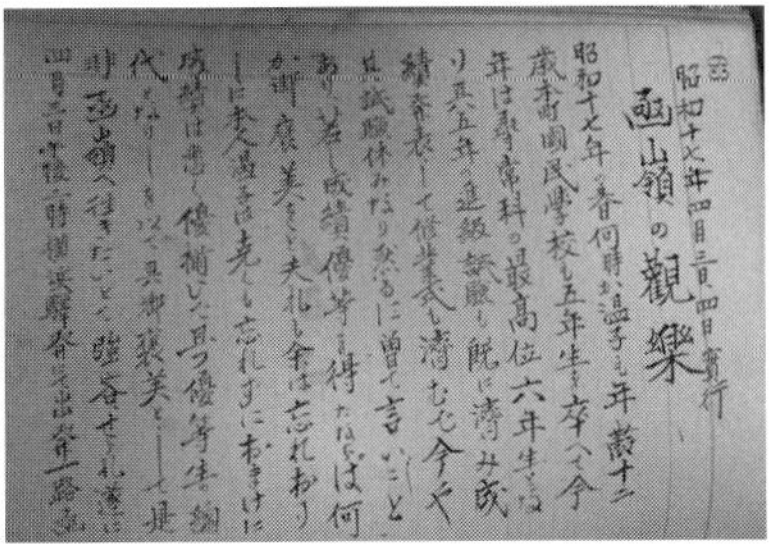

②「感要漫録」第6巻（横浜市史史料室所蔵「手島温子家資料」）

当日は午後二時、横浜駅発の列車で小田原まで行き、その後バスで温泉街の塔《とう》ノ沢《さわ》へ移動し、環翠楼《かんすいろう》に一泊している。ここは江戸時代の初めから続く老舗の旅館で、伊藤博文ら政府要人や夏目漱石・島崎藤村ら文人たちが定宿としていた。宿泊料は三人で二六円かかった。ちなみに当時のサラリーマンの平均月収は一二五円位とされている。

翌日午前八時に宿を出発して登山電車に乗った。終点の強羅《ごうら》に着くと、早雲山《そううんざん》行のケーブルカーが待ち受けていて、乗客たちは我先にその乗車口へと向かう。ケーブルカーは五分で早雲山に到着、駅前の広場には芦ノ湖畔の湖尻《こじり》に向かうバスを待つ群衆たちが、「一列励行皆切符を買ふ時に順位の番号札を渡され」、順番待ちをしていた。歌郎たちは随分長いこと待たされ、一一時近くになってやっとバスに乗ることができた。

湖尻に到着すると、今度は芦ノ湖を縦断する小蒸気船に乗った。今では五〇〇～七〇〇名を収容する遊覧船が運航しているが、当時の小蒸気船はバス二台分（約五～六〇人程度カ）の乗客しか収容できなかった。芦ノ湖から見る風景は絶景で、満開の桜、新緑の若葉に囲まれ、「実に霞か果《は》た又雲かを見まがう許《ばか》り」と書いている。

三人は箱根町で下船し、熱海行きのバスに乗ろうとするが、ここで問題が起こる。バスが何台来ても皆停車せずに素通りしていくのである。停留場で事情を聴くと、熱海行きのバスは箱根町よりも東側の元箱根が始発となっていて、既にその時点で満員のために途中で乗客を乗せられないことが分かった。仕方なく、三人は元箱根まで約一・五キロの道のりを歩くことになった。幸いにも道中には箱根の関所跡、杉並木など、疲れを忘れさせてくれる観光スポットがあり、いつの間にか元箱根町のバス停までたどり着いた。【画像③】

しかし歌郎を驚かせたのは、熱海行きのバスを待つおびただしい群衆であった。ここでも順番待ちをしていて、三人が渡された番号は五一二～五一四番。順番が来るまで二〇〇番近くある。一台のバスは約三〇人程度なので、七～八台分を待つ計算となり、バスは約二〇～三〇分間隔で運行していることから、優に二時間程度待つことになった。

三人が順番待ちをしていた時、空車のタクシーが一台やってきた。これ幸いと、運転手に熱海行きの値段を聴いてみると、三〇円（相場は五円程度）とのことであった。宿泊料よりも高い「ふっかけ」に呆れた歌郎たちは、タクシーを断念して、近くの茶店で甘酒を飲むなどして時間をつぶすことにした。そして午後四時過ぎのバスに乗ることができ、四時四〇分にようやく熱海に到着した。

③『湘南箱根伊豆地方』（ジャパン・ツーリスト・ビューロー、1940.6）国立国会図書館デジタルコレクション

4　熱海で宿泊先探しに一苦労

熱海に到着した三人だが、ここで再び問題が起こる。宿泊先を探すが、「何処《どこ》迄行けとも涯《はて》しない満室」であった。やむなく、入口のガラス戸に「満室」の札を掲げてある宝金荘という旅館で居直ろうと決心した。我々三人は既に箱根町から元箱根町まで歩かされて相当くたびれて

いて、これ以上は宿を探す気力もない、多少宿泊料が高くても構わないので、何とか一部屋都合して欲しい、と、番頭に談判した。すると、奥から別の番頭がやってきて、一室六畳間を何とか都合を付けてくれた。ただ案内された六畳間は三人で泊まるには窮屈すぎた。金に糸目はつけないので、もう少し広い部屋がないかと交渉したところ、「何とかしましょう」と引き受けてくれた。

どうにか宿泊先を確保することができた三人は、温泉と夕食とで旅の疲れを癒した後、夕暮れの熱海の街並みを散策に出かけた。熱海名物のハタキ三〇本と、金色夜叉《こんじきやしゃ》の画を購入したりしている。そんななか、散歩の途中でひどく疲れた旅行者の一行を目にする。その人たちは、元箱根でバスに乗れずに熱海まで歩いてきたうえ、さらに満室お断りで宿泊先が見つからずさまよっていた。歌郎は心から同情し、六畳間では狭いからもっと広い部屋を用意して欲しいなどと言ったことを反省し、狭い部屋でも辛抱しようと観念して、宿へ帰った。

元の部屋へ戻ると、見知らぬ男女二人連れの客が入っていて、女中が「特別室」へと案内してくれた。部屋には小型タンス、火鉢、ラジオなど、温泉旅館とは思えないほど立派な調度品に囲まれていた。ここで歌郎はあることに気づく。

併《しか》し、満室お断りの掲示の裏には初め這入《はい》りし部屋六畳間がちゃんと明いて居り、部屋代は何程《いかほど》でも構はないからもう少し良い部屋を都合してと望めば斯《かか》る特別室へと案内す、矢張《やは》り世の中は金の世のなか、金さいあらば何処《どこ》へ行っても決して不自由はなく金なり哉《や》の感深し、見よ今や沢山《たくさん》に出会った宿捜しの連中も金が豊富に有って宿料の高いのを厭《いと》はないからと居直って談判せば、何《いず》れの旅館でも満室お断の札の裏には必ずや特別室の二三は隠しあること疑なしと合点したり、然《しか》るに箱根町より歩いた連中宿泊料も七円を六円、六円を五円で泊めろと値切る連中がなかなかに多いとの事、ははー読めた、満室の掛札は其予防策であるらしい、して見れば益々《ますます》世は金なりの感や深し

つまり、箱根から熱海へやってくる旅行客の中には宿泊料を値切るものが多く、その予防策として熱海の旅館は「満室お断り」の札を掲げている、というのだ。少しでも安く泊まりたい旅行者側、折角のビジネスチャンスを簡単に失いたくない旅館側、双方ともに私的利益の追求に余念がない。歌郎はそうした事情を鑑みて、「あゝ世は金の世のなか」「あゝ世は金なりの感や深し」と、日記の欄外に書き記している。

一気に興ざめしたことで、三人は宿泊を取りやめることにした。急いで宿の勘定を済ませると、自動車を呼んで、熱海から上り列車に乗り、日付が変わる直前に鶴見の自宅に帰宅した。特別室の部屋代は合計三四円六〇銭で「思ったより安かりしを感じたり」とのことである。「函嶺の歓楽」の最後は、「あゝ金の世のなか。宮に似たうしろ姿や春の月　昭和十七年四月四日　あゝ少し草臥《くたび》れた」と結ばれている。戦時下でも金銭的利益を求める人々の姿と、許嫁と別れて富豪へと嫁いだ金色夜叉の「お宮」を重ねていたのであろうか。

5　戦時下の旅行ブームから考えられること

「函嶺の歓楽」の記述からは、戦時下と思えないほどの旅行ブームの実態が浮かび上がってくる。三人が訪れる場所はどこも群衆で溢れかえり、ケーブルカー、バス、小蒸気船、旅館など、交通機関や宿泊施設の収容能力をはるかに超えてしまうほどであった。政府は、兵員や軍需物資の輸送を優先させるために、不要不急の旅行を控えるように国民に呼びかけるが、それをあざ笑うかのように、観光地では一種の「オーバーツーリズム」とも言える現象が起こっていたことが分かる。

そうしたなかで、整列乗車や番号札などで、旅行地が混乱しないようにするために、様々な秩序化が図られていることも分かる。現在では交通機関の整列乗車などはごく当たり前の風景だが、そうした規律化は日中戦争～太平洋戦争期に作られたものであった。整列乗車や番号札などは、人々の経済状態、性別、属性などに関わらず、みな平等に一定のルールに従ってもらうやり方である。こうしたところにも、ソーシャルツーリズムの影響が反映されていると言えるだろう。

ただし、その裏側では人々は私的利益を追求していた。戦時下でありながら一時の安息を求める群衆たち、通常料金の六倍もの料金をふっかけてくるタクシー運転手、宿泊代を少しでも安くしようと値切る旅行者、「満員札」を掲げてそれに対抗策を講じる宿側など、随所に金権体質が窺えよう。歌郎自身も、金に糸目はつけないからと交渉し、半ば強引に六畳間を確保し、さらに特別室まで用意させたわけである。

太平洋戦争と言えば、「ぜいたくは敵だ」「欲しがりません勝つまでは」などの標語のもとで、国民は様々な自由を制限され、耐乏生活を余儀なくされていたというイメージが先行しているが、その裏面では逞しく娯楽や利益を渇望していた。こうした人びとのエネルギーが、戦後復興を担う力へとつながっていったと言えるかもしれない。

参考文献

・高岡裕之「観光・厚生・旅行―ファシズム期のツーリズム―」（赤澤史朗・北河賢三編著『文化とファシズム』日本経済評論社、一九九三年）
・ケネス・ルオフ著／木村剛久訳『紀元二千六百年』（朝日新聞出版、二〇一〇年）
・吉田律人「横浜現代史人物伝①鶴見の医師・渡辺歌郎」（横浜市史史料室『市史通信』第一〇号、二〇一一年）

第2部　こんなところからも歴史がみえるぞ！

4 沼津市霊山寺の梵鐘銘文を読む

梵鐘に刻まれた南北朝史

厚地淳司

対象地域
静岡

1 はじめに

霊山寺《りょうぜんじ》は、かつての上香貫村《かみかぬきむら》、現在の沼津市本郷町、香貫山西麓にある。山号を兜率林《とそつりん》と号する曹洞宗寺院で、本尊は釈迦如来である。創建については不詳であるが、古くは真言宗寺院であったと伝えられている（『静岡県の地名』）。この寺の梵鐘は、沼津市教育委員会によれば、高さ九七・〇cm、口径六〇・六cmの青銅製で、静岡県指定有形文化財となっている（沼津市誌編纂委員会：一九五八、沼津市教育委員会：一九九四）。形態的にみても次の諸点で南北朝期の梵鐘の特徴をよく表現したもので、非常に興味深いものである。①口径は六〇cm余であり、当時の平均六〇cmに近い。②口径を一〇〇とした場合の鐘身高は、一三五・七であり、当時の平均一三一・四に近い。③竜頭と撞座との位置関係は、鎌倉期までの竜頭の方向と撞座の位置が九〇度ずれる旧式ではなく、竜頭の方向と撞座の位置が一致する南北朝期以降の新式である。④南北朝時代になり登場した、上帯、下帯を欠く袈裟襷が崩れた田舎作りと呼ばれる新しいタイプの典型例である（坪井：

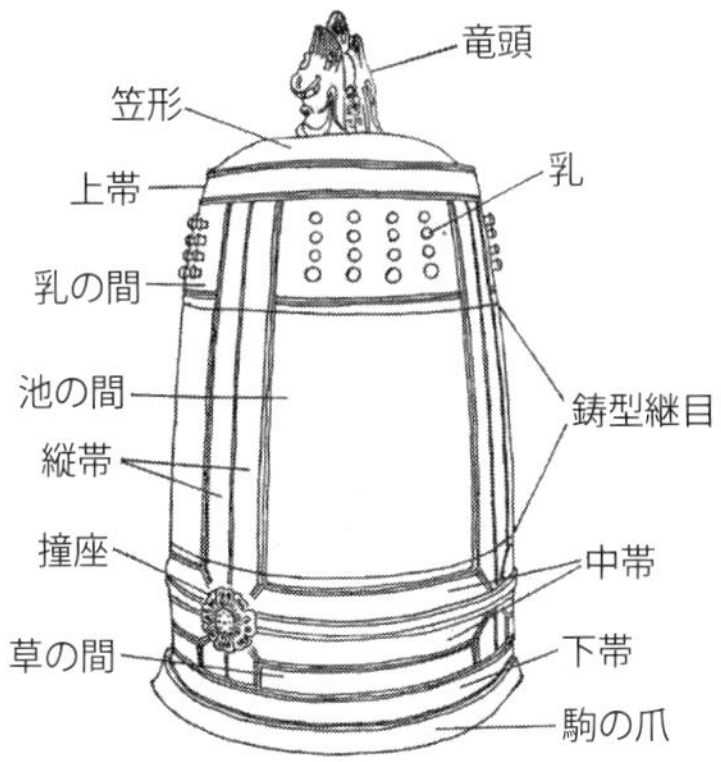

【図１】和鐘　梵鐘の種類とその形状および部分名称
（坪井：1970 より転載。）

一九七〇）。

しかしながら、ここでは梵鐘の「池の間」（図１）と呼ばれる部分に刻まれた銘文を文献史料として注目し読み解いていくことを目的とする。（香取：一九八四、坪井：一九七〇）。

銘文の内容からは、①梵鐘がいつ、どのようにして鋳造されたのか、②鋳造された後、どのようなルートをたどって霊山寺にもたらされたのか、③鋳造した鋳物師《いもじ》と呼ばれる職人に関わること、を読み取ることができる。

2　霊山寺梵鐘銘文

（一）霊山寺梵鐘銘文翻刻

（第一区）

敬白

奉鋳遠州府中蓮光寺鐘事

【写真1-1】霊山寺梵鐘銘文第一区（『沼津市史』史料編　古代・中世、沼津市、1996年、口絵）

【写真1-2】霊山寺梵鐘銘文第一区　森田香司氏撮影

右旨趣者惣為天長地久国土安穏
伽藍繁昌興隆仏法別奉始国司
前伊与守源朝臣直氏至于勧進之
檀那吉政助盛一紙半銭結縁之輩
息災延命恒受快楽二世大願成就
円満乃至法界利益無辺奉所鋳如件
貞治三年甲辰卯月八日　大工赤佐住道阿
（追刻）「同一宮住西願」
（追刻）「崇一」

……（縦帯）……

（第二区）
（追刻）「浜松庄引間広沢山普済禅寺
三州奥群従法蔵寺到来
永正　丑年二月十七日敬白」

出典：『沼津市史』史料編古代・中世（沼津市、一九九六年）一五九号。

（二）霊山寺梵鐘銘文読み下し

（第一区）
敬白《けいびゃく》
遠州府中蓮光寺《れんこうじ》鐘を鋳《い》奉《たてまつ》る事
右旨趣は、惣じて天長《てんちょう》地《ち》久《きゅう》・国土《こくど》安穏《あんのん》、伽藍《がらん》繁昌・興隆仏法、
別には国司前伊与守《さきのいよのかみ》源《みなもと》朝臣《あそん》直氏《なおうじ》を始め奉り、勧進《かんじん》之檀那《だんな》吉政・助盛、一紙《いっし》半銭《はんせん》結縁《けちえん》
之輩《ともがら》に至り、息災延命・快楽《けらく》を恒に受け、二世大願成就・円満、乃至《ないし》法界の利益《りやく》無辺
ならんが為、鋳奉る所、件《くだん》の如《ごと》し。
貞治《じょうじ》三年甲辰《きのえたつ》卯月八日
大工赤佐《あかざ》住道阿
同一宮《いちのみや》住西願
崇一

（第二区）
浜松庄《はままつのしょう》引間《ひくま》広沢山《こうたくさん》普済禅寺《ふさいぜんじ》、三州奥群《おくぐん》（郡）法《ほう》
蔵寺《ぞうじ》従《よ》り到来す。
永正《えいしょう》　丑年二月十七日敬白

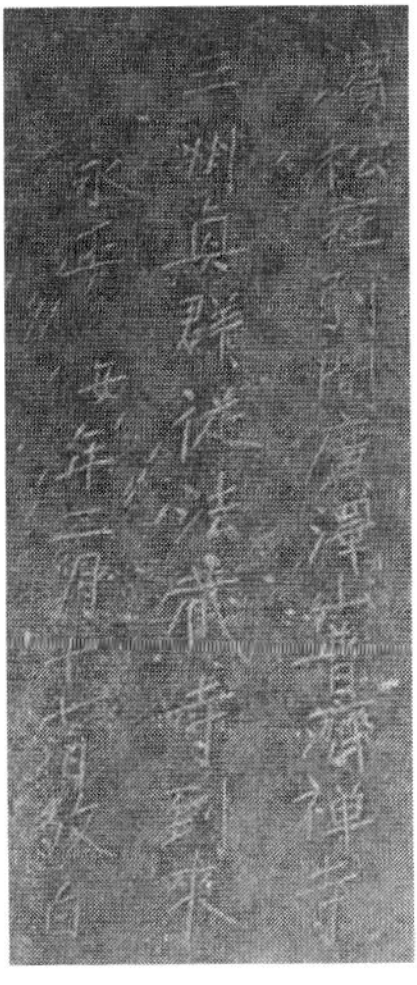

【写真2】霊山寺梵鐘銘文第二区（『沼津市史』史料編　古代・中世、沼津市、1996年、口絵）

【写真３】霊山寺梵鐘　森田香司氏撮影

３　用語解説―仏教用語を中心に―

梵鐘の銘文には、仏教的な用語が多くみられる。ここでは用語の意味を『日本国語大辞典』を引きながら確認しておこう。

◎天長地久…天地が永遠に変わらないように物事がいつまでも続くこと。天壌無窮。

◎国土…仏教では、一切の衆生の住する所。山河、大地などの国土世間（器世間）をいう。

◎伽藍…僧が集まって仏道を修行する清浄閑静な所。寺の建物の総称。寺院。

◎仏法…仏の説いた教え。また、仏が衆生を教え導く教法。

◎勧進…社寺や仏像の建立、修理などのために広く人々に、それが善根功徳になると勧めて金品の寄付を募ること。また、その人。

◎檀那…「旦那波底」の略。檀越《だんおつ》のこと。施主。檀家。

◎一紙半銭…紙一枚と銭半銭との意から、ごくわずかなもののたとえ。多く仏家で寄進の額がわずかなことをいう場合に用いる。

◎結縁…仏教では、仏道に縁を結ぶこと、未来に成仏する機縁を作ること。また、そのために写経や法会を営むことをいう。
◎息災…仏や神の力などで衆生の災をなくすこと。（「息」はとどめる意）。
◎快楽…仏教用語。気持よく楽しいこと。また、楽しむこと。煩悩を超越した、無我のよろこび。
◎二世…ここでは、現世と来世のことを指すものと判断した。
◎大願…「だいがん」とも読む。仏教では仏が衆生を救おうとする誓願をいう。
◎円満…仏教では、功徳などが十分に満ち足りていること、願いなどが十分に満たされることをいう。
◎法界…大乗仏教で、全宇宙を法の現われと見、真如と同視する。真如そのもの。また、諸宗により理解に差があるが、本源的な法性としては真如、その差別的な現われとしては、世界・宇宙の両義に用いる。
◎利益…仏教用語。仏菩薩などが衆生など他に対して恵みを与えること。恵みを与える種々の行為。その恵み・幸せ。利生。

4　現代語訳

（第一区）

つつしんで申し上げる。
遠州府中蓮光寺の鐘を鋳たてまつる事
右の蓮光寺梵鐘を鋳造した趣旨は、全般的には、天地の永続、我々が生活する山河や大地の平穏・無事、寺院の繁栄、仏の教えを盛んにすること目的としている。
一方で、遠江国司の今川貞世（了俊）や梵鐘の鋳造に対する寄付を呼びかけ、自身も寄付をした吉政や助盛、さらには、わずかな額ながらもこの事業に参加した人々に至るまで、梵鐘鋳造事業への参加者個々に関わる趣旨は、災難なく長生きすること、煩悩を超越した無我のよろこびをつねに受けつづけること、現世と来世の二世にわたり、仏の衆生を救おうとする願いがかない、十分に満たされること、ないしは法界（世界・宇宙）における利益（恩恵）が限りなくなることを目的としている。
このような趣旨のために梵鐘を鋳造したところ、以上の通りである。
貞治三年（一三六四）甲辰卯月（四月）八日　　大工　赤佐住　道阿
同　一宮住　西願
崇一
（第二区）
浜松庄内の引間の広沢山普済禅寺（普済寺）へ、三州法蔵寺より到来する。

永正　丑年（永正年間の丑年は永正二年＝一五〇五、ないしは一五年＝一五一七）二月一七日
つつしんで申上げる。

5　解説

（一）梵鐘の鋳造・移動の経緯

銘文本文の内容は、梵鐘の鋳造、その後の移動の経緯に関するものである。

まず、鋳造の経緯については、貞治三年（一三六四）四月八日、「遠州府中」にあった蓮光寺において、「国司前伊与守源朝臣直氏」＝今川貞世（了俊）、「勧進之檀那吉政・助盛」らの発願により、遠江赤佐郷の大工道阿、一宮庄の大工西願・崇一により鋳造されたことがわかる。

なお、ここに出てくる蓮光寺は、承安年間（一一七一～七五）平重盛の開基で、当初天台宗であったが、のちに時宗に改宗し、見付《みつけ》西光寺の末寺となったと伝えられる。かつては現在の静岡県磐田市見付の東海道北側の西坂《にしざか》会館敷地に所在したが、明治四四年（一九一一）に本寺である西光寺に併合され、本尊の木造阿弥陀如来立像等も西光寺に移されている（『静岡県の地名』）。

また、蓮光寺が所在した「遠州府中」とは、現在の磐田市中心部である見付に所在した遠江国府のことで、古代の国府は現在の磐田市中泉（御殿・二之宮）に所在したが、平安末期より北方の見付に移動した（『静岡県の地名』）。

縦帯左側の第二区には、追刻として、鋳造後の梵鐘の移動、すなわち蓮光寺から、三河奥郡法蔵寺を経て、「永正　丑年」（一五〇五ないしは一五一七）二月一七日、浜松荘引間の普済寺に伝えられたことが刻銘されている。

ちなみに、「三州奥郡法蔵寺」とは、三河国渥美郡赤羽根村（現愛知県田原市高松町）に所在する曹洞宗寺院である。中世～近世にかけて渥美半島地域は「奥郡」と呼ばれていた。

また、広沢山普済禅寺とは、現在の浜松市中央区広沢一丁目に所在する曹洞宗寺院である普済寺のことである。本尊は釈迦如来。肥後国飽田郡河尻大慈寺の末寺で、勧請開山は順徳天皇皇子という寒厳義尹。正長元年（一四二八）に華蔵義曇が浜松庄寺島郷に本能山随縁寺を建立したことに始まり、その後吉良氏により随縁山普済寺が建立され、水難のため永享四年（一四三二）に現在の地に移ったという（『静岡県の地名』）。

ここで、普済寺が所在した浜松庄引間の地について触れておきたい。まず浜松庄は、現在の静岡県浜松市中央区から湖西市新居町にかけて及んだ皇室領荘園で、「和名抄」にある古代の敷智《ふち》郡浜松郷を継承し、平安後期の立庄と推定される。また、引間は、引馬・曳馬・疋馬などとも表記され、馬込川右岸の現在の浜松市市街地一帯に所在し、浜松庄内に属する地域である。戦国期には浜松庄とほぼ同じ地域を引馬領とも称した（『静岡県の地名』）。

ところで、この梵鐘が、いかなる事情から遠江や三河の諸寺を転々としたのかについては、このことを物語る史料が発見されていないため、現在のところは不明である。また、「永正　丑年」の部分は、詳細に観察すると「永正二丑年」とも判読できそうであるが、今後の検討課題としておきたい。

　さらに、現在の沼津市霊山寺に移された経緯については、『駿河志料』巻之六十四で、次のように記されている。

「此鐘いかなる由ありて、当寺にあるか其来歴を知らず、黒河氏の説に、北条征伐の時、軍器の料に三河勢などの携へ来しならん、此類の鐘諸国寺社に頗る多しといへり」

　すなわち、「黒河氏」の見解として、秀吉の小田原攻めに際して軍器として使用された後、霊山寺に寄進されたこと、その根拠として類例が多いことをあげている。ちなみに、「黒河氏」とは、文久元年（一八六二）一一月、「駿河志料序」を記した「黒河毛登理藤原春村」、江戸後期の国学者黒川春村《くろかわはるむら》のことである。

（二）南北朝期、遠江に定住した鋳物師

　次にこの梵鐘を鋳造した「鋳物師大工赤佐住道阿」「同一宮住西願」「崇一」について述べよう。

　まず、道阿や西願の肩書きの「大工」とは、平安〜室町時代、国衙や大寺社に所属する手工業技術者集団の長のことを指す。ここから彼らは、鎌倉期に各地を遍歴しつつ、遠江国府（見付）に

比較的近い、赤佐郷や一宮庄に定住化した鋳物師集団の統率者であると推測される。

彼ら鋳物師の住んでいた地域のうち、赤佐郷は現在の浜松市浜名区根堅《ねがた》・尾野・於呂《おろ》に所在した中世の郷で、「和名抄」にある麁玉《あらたま》郡赤挟郷の郷名を継承したと推定される（『静岡県の地名』）。当時、赤佐に鋳物師が在住していたことは、「瑠璃山年録残編裏書」暦応二年（一三三九）条に「□上四十貫文入畢、大工赤座郷孫三郎」との文言があることからも確認できる。なお、赤佐における鋳物師在住の始まりは、文永五年（一二六八）一二月一五日の浜松市南区にある頭陀《ずだ》寺の鰐口銘文に「鋳物師赤佐」と読めそうな部分があることから、一三世紀後半にまで遡る可能性もある（浜北市：二〇〇四）。

一方、一宮庄は、現在の静岡県周智《しゅうち》郡森町天宮《あめのみや》・森・草ケ谷・円田《えんでん》・一宮《いちみや》・橘周辺に所在した庄名で、遠江一宮小国《おくに》神社に由来する。一宮庄在住の鋳物師に関しては、戦国時代には一宮の社僧蓮華寺等の支配下にあり、西脇に居住していたらしいが、霊山寺梵鐘を除くと、鋳物師の存在を確認できる史料は、一四二〇年代以降となる。したがって、霊山寺梵鐘に刻まれた「同　一宮住　西願」「崇一」の名前は、一宮庄に本拠を置く鋳物師の痕跡を示す史料としては最古のものとなる（森町史編さん委員会：一九九六）。

6　おわりに

最後に銘文から読み取れることがらを示して、むすびとしたい。

第一は、梵鐘が鋳造された南北朝期における鋳物師の定住化に関することである。かつて網野善彦氏は、鎌倉期に各地を遍歴した鋳物師たちが、南北朝・室町期を通じて定住化を進めた結果、鋳物師の集住地となった金屋は著しく増加したこと、このうち最も重要なものは、国府・守護所・一宮など、地域の中心地の近くにあった金屋であることを指摘した（網野：一九八四）。ここで取り上げた鋳物師は、遠江の国府・守護所の所在した見付に近く、一宮の所在地である一宮庄や赤佐郷を本拠地とした。ここから、霊山寺梵鐘銘文は、網野氏が指摘した、南北朝期における鋳物師定住化の典型例を示す史料と言える。そして、鋳物師の定住化は、惣村の成立と並行した民衆の主体的な地域形成の一つのあり方を示すとも言える。

第二は、南北朝期における、国司権限の吸収を通じた守護権限の拡大に関することである。銘文に梵鐘の鋳造事業の中心として記された「国司前伊予守源朝臣直氏」とは、当時の遠江守護今川範国の子である今川貞世（了俊）のことである。ここから、遠江守護今川範国が、子である貞世を遠江国司とすることを通じて、国司権限を守護に吸収し、守護権限を拡大していった状況がわかる（静岡県：一九九七）。そして、このような国司権限の吸収を通じて守護権限を拡大した遠江守護今川範国は、国司今川貞世中心の梵鐘鋳造をきっかけにして、赤佐郷や一宮庄の鋳物師に対する支配を進めていったことも考えられる。すなわち、この梵鐘の銘文は、守護大名による領国支配の第一歩を示す史料としても重要なものと言える。

参考文献

・『日本歴史地名大系二二巻　静岡県の地名』（平凡社、二〇〇〇年）
・沼津市誌編纂委員会編『沼津市誌』下巻（沼津市、一九五八年）
・沼津市教育委員会霊山寺梵鐘説明板、一九九四年
・坪井良平『日本の梵鐘』（角川書店、一九七〇年）
・香取忠彦「梵音具」（石田茂作編『新版仏教考古学講座　第5巻　仏具』雄山閣、一九八四年）
・日本国語大辞典第二版編集委員会・小学館国語辞典編集部編『日本国語大辞典』第二版（小学館、二〇〇〇―二〇〇二年）
・磐田市史編さん委員会編『磐田市史』通史編　上巻（磐田市、一九九三年）
・静岡県編『静岡県史』通史編2　中世（静岡県、一九九七年）
・浜北市編『浜北市史』資料編　原始・古代・中世（浜北市、二〇〇四年）
・森町史編さん委員会編『森町史』通史編　上巻（森町、一九九六年）
・『駿河志料』巻之六十四
・沼津市史編さん委員会、沼津市教育委員会編『沼津市史』史料編古代・中世（沼津市、一九九六年）
・網野善彦『日本中世の非農業民と天皇』（岩波書店、一九八四年）

驚きの裁判と、今に伝わる史跡・遺物・伝承

5
慶長三年の常総国境争いをめぐる鉄火《てっか》塚と鉄火棒
――伝説と史実の狭間――

栗原健一

対象地域
茨城

1　史跡鉄火塚と鉄火棒をめぐって

茨城県つくばみらい市宮戸《みやど》には、史跡鉄火塚がある【写真1】。小貝《こかい》川沿いの田園が広がる中に、ひっそりと遺されている。鉄火起請《きしょう》（裁判）をめぐる史跡である。鉄火起請とは、神前などで真っ赤に焼けた鉄片を握らせ、火傷の程度によって判決を下したものとされ、火起請などともいわれた。

鉄火塚の案内看板によると、これは慶長三年（一五九八）二月に大房籐十郎（人物の詳細は不明）が検地する際、この地（宮戸）をめぐって下総国と常陸国の境界争いとなり、下総国川崎郷（現、つくばみらい市）の鷭陽《はよう》氏と常陸国楢戸《ならど》郷（現、つくばみらい市）の土田氏との間で訴訟となった。一一月一五日に神裁と

【写真1】史跡鉄火塚

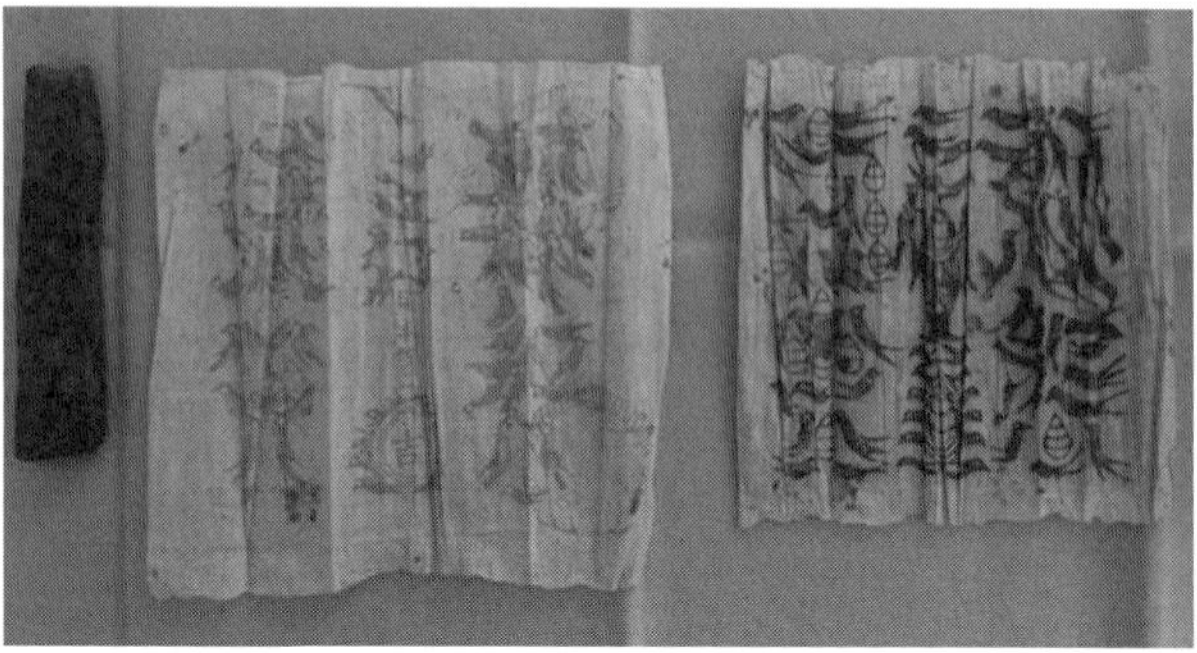

【写真2】鉄火棒（左）と牛玉宝印の包紙（資料協力「茨城県つくばみらい市」）

なり、争地に火炉《かろ》を設けて鉄棒を焼き、それを鶴陽氏は握ることができなかったが、土田氏は握ることができた。神裁に勝った土田氏はその主張が認められ、その場所に塚を築いて松を植えた。その松は「鉄火松」と呼ばれたという。

さらに、驚くべきことに、その時に使われたといわれる鉄火棒も現存している。全国的にみても、鉄火起請に使われたとされる鉄火棒は、ほとんど残されておらず、きわめて珍しいものであろう。

筆者は、つくばみらい市教育委員会で保管されている鉄火棒を令和六年（二〇二四）に調査させていただいた【写真2】。大きさは、長さ一八・一cm、幅三・七cm、厚さ一・六cmで、重さは五八五グラムであった。木箱に収められており、牛玉宝印二枚（竪二二cm×横二〇cm、竪二四cm×横二五cm）に包まれている。

この一件については、『図説谷和原の歴史』でも紹介されており、「極めて粉飾された伝承であろうが、こうした伝承のもとになる出来事は少なくはなかった」としている。また、清水克行『日本神判史』でも紹介されている。

ところで、この一件を語る文献史料は、残されているのだろうか。残念ながら、中近世史料は確認できず、近代に言い伝えをまとめたと思われるものが残されているだけである。鉄火塚の案内看板にも参考文献として挙げられている三冊である。具体的に確認してみよう。

2　明治時代の飯泉五郎作編『関東三大堰ノ一沿革誌』

まず、飯泉五郎作編『関東三大堰ノ一沿革誌』をひも解いてみよう。この本の冒頭には、明治四〇年（一九〇七）の松岡康毅《やすたけ》農相による視察と明治四一年の明治天皇による茨城行幸が紹介されており、そのことが本書をまとめるきっかけとなったのであろう。

松岡農相は、明治四〇年七月に結城郡石下町（現、茨城県常総市）他三か村の耕地整理竣工式に臨場した。その際に、国会議員らの懇願があり、松岡農相は福岡堰（現、つくばみらい市）を視察した。一方、明治天皇は、明治四一年一一月に特別陸軍大演習統監のために茨城県を行幸した。その際、関東三大堰と称せられる大堰を天覧し、その由緒について飯泉五郎作が説明した。関東三大堰とは、福岡堰、岡堰（現、茨城県取手市）、豊田堰（現、茨城県龍ヶ崎市）のことである。

このような福岡堰について、寛永元年（一六二四）以来の沿革をまとめたものが本書である。編者の飯泉五郎作については、情報を得られなかったが、本の刊記によると、飯泉の住所は「茨城県筑波郡十和村日川《にっかわ》」（現、つくばみらい市日川）で、鉄火塚からも近い場所にあたる。凡例には、明治三八年から四二年の五年間をかけて、福岡堰組合の各村の旧家で保存している「古史」を捜索して校閲し編集したものとある。飯泉は、地元の郷土史家といってよいだろう。

この『関東三大堰ノ一沿革誌』には、一三六の項目が立てられており、そのなかの一つに「常総ノ国堺論」がある。これによると、鬼怒《きぬ》川と小貝川の流路が整備され、元和年間に谷原新田が開発された。そして「寛永ノ始メ」に下総国相馬郡の鶺陽氏と常総の国境争論が起こり、常陸国筑波郡楢戸村の土田氏と訴訟となった。「上司」が裁決して一一月一五日に「鉄火掌握」の裁きをすることとなり、鉄の棒を焼いて握った者が勝利とすることとなった。楢戸村豊島氏をはじめとする重立《おもだち》の者たちが相談して、板橋村（現、つくばみらい市板橋）の神職宮本氏を招待して鹿島大神の神前において神楽を奏して、湯立祭を執行し神慮を祈った。

当日、巾一寸二分（約三・六cm）・厚さ六分（約一・九cm）・長さ六寸（約一八cm）の鉄の棒を焼き、鶺陽氏が先に出て握り取ろうとするが握ることができず、土田氏が進み出てその鉄火棒を握ることができた。こうして、鶺陽氏が敗れて論地は決した。

この場所には塚を築き、松が植えられて鉄火ノ松と呼ばれた。その地は、常陸国筑波郡宮戸村新田字内郷であった。松は近年（明治時代）枯れてしまってないという。以降、例年一一月一四日に鹿島大神の神前において鉄火式の祭を行ない、翌一五日に大祭を執行してきた。また、土屋相模守領分（土浦藩）の時代には、藩主の代替わりごとに領内巡見が行なわれたが、その際には鉄火の棒の御親覧があった。その遺物の鉄の棒は土田氏が保管しているという。

このような内容であるが、鉄火棒のサイズは概ね前述した現在つくばみらい市で保管されているものと同じとみてよいだろう。この鉄火棒が当時のものかは証明できないが、少なくとも明治時代に飯泉がみたものはこの鉄火棒だったのではないか。また、土浦藩主の御親覧は興味深く、この視点からも調査が必要であろうが、今後の課題としておきたい。

3　大正時代の『筑波郡案内記改訂増補』と『筑波郡郷土史』

次に、筑波教育会編『筑波郡案内記改訂増補』をみてみよう。鹿島村（現、つくばみらい市鹿島）のなかで「鹿島神社」が立項されており、本一件が取り上げられている。一件の基本的な流れは、前述した飯泉五郎作編『関東三大堰ノ一沿革誌』と同じであるので、相違点を中心にみていこう。まず、「慶長三年（一五九八）二月」に「大房藤《（ママ）》十郎」が検地するときとあり、年代が異なり、検地者名も具体的に記されている。また、楢戸郷では、土田隼人が代表者となり、豊島若狭と二人で斎戒沐浴《さいかいもくよく》をして鹿島神社に祈願し、宮居を営繕し、板橋の神職宮本三太夫が神楽を奏するとして、少し具体的になっている。裁決場は「川崎関場裏」とある。川崎村の関場は、村の居坪（小名）であろう。また、川崎村側は「川崎播摩」としている。一方で「土豊田島」（土田・田島氏のことであろう）とあり、両家では「播摩の亡霊」を祭るべく毎年鉄火式を執行しているという。

続いて、塙泉嶺《はなわせんれい》『筑波郡郷土史』をみてみよう。この本でも、「鹿島村之部」のなかで「名所旧蹟」として立項されており、本一件が取り上げられている。塙泉嶺は、東茨城郡渡里《わたり》村（現、茨城県水戸市）の人で、宗教新聞社・政教新聞社の主幹・社長で、茨城県内における多数の郷土史を編纂している。本書もその一環で編纂されたものである。

『筑波郡案内記改訂増補』と同じように、一件の基本的な流れは、前述した飯泉五郎作編『関東三大堰ノ一沿革誌』と同じであるので、相違点を中心にみていこう。まず、『筑波郡案内記改訂増補』と同様に、「慶長三年（一五九八）二月」に「大房藤十郎」が検地するときとしている（籐と藤の違いがある）。対決したのは、常陸国楢戸郷の開拓者土田隼人と下総国川崎郷の川崎播磨とされており、開拓者という新しい情報が加わっている。土田隼人と川崎播磨は斎戒沐浴をして鎮守鹿島神社に祈願し、宮居を営繕し、板橋の神職宮本三太夫が神楽を奏して、湯立祭を執行した。概ね『筑波郡案内記改訂増補』と同じであろう。

しかし、この『筑波郡郷土史』には、「播磨は敗訴の結果死刑に処せられしを以て両家に於ては其の祟りを恐れて年々鎮火祭を執行して来りたりと云ふ」とある。敗れた川崎播磨が死刑となったという情報は、この『筑波郡郷土史』ではじめて出てきた記述であろう。果たして死刑になったのであろうか。

4　敗者川口（川崎）播磨の子孫は続く

敗者の川崎播磨の子孫は、江戸時代において川崎村の名主役を代々務めた川口家である。川口家には古文書が遺されており、昭和五八年（一九八二）から立正大学古文書研究会が調査に入り、筆者も途中から調査に参加した。その成果は、文書目録とともに多くの報告書にまとめられている。調査の結果、残念ながら川口家文書のなかにこの鉄火裁判に関係する文書は確認できなかった。

しかし、近年ご当主の川口義明氏よりあらためて家系調査の依頼をいただき、情報提供があった。一つは、法名の札である。川口家は浄土真宗で位牌はなく、法名を記した札が遺されている。そのなかに「法名釈正教」「俗名播磨」のものがあり、その没年は「慶長十二年十二月二十九日」とある。つまり、川口（川崎）播磨は、慶長一二年（一六〇七）に没したことになり、鉄火起請で死刑となったのではなく、その後も一〇年近く生存していたことになる。ただし、川口家に遺されている法名札の次に遺されているものは、寛延二年（一七四九）のものであり、一〇〇年以上間隔が空いている。その間の法名札が遺されていないのか、あるいはつくられたものなのかという想像もされるが、ひとまず播磨が鉄火起請後も生存していたと考えたい。そのように考えると、飯泉による「寛永ノ始メ」には既に播磨は没していたことになる。鉄火起請があったのは、慶長三年ということになろうか。飯泉編の『関東三大堰ノ一沿革誌』は寛永元年以降の沿革をまとめ

【写真3】川口家の神明宮

たものであり、そのことも関係しているかもしれない。

もう一つの情報は、現在でも毎年一〇月一五日頃に川口家一家で神明宮【写真3】に参り、慰霊しているという話があった。神明宮とは、川口家の屋敷の北側に立てられている二つの石碑のことである。大きな方の石碑には、「神明」とともに、脇に「明和」年間の刻印がある。詳しい来歴は不明であるが、近世中期の石碑であろう。近隣に住む川口一家でそこに集まり、毎年川口（川崎）播磨の慰霊を続けているという。

果たして、鉄火起請の史実はどこにあるのか？わからないこと（立証できないこと）も多いが、鉄火起請と敗者川口（川崎）播磨について、現時点でわかることは整理できたのではなかろうか。

近世の記録は確認できなかったが、近代に書かれた歴史叙述をみてきた。地元の郷土史家と考えられる飯泉五郎作の叙述をもとに、情報が追加されて書かれていったとみたい。敗者の川口（川崎）播磨が死刑に処されたとまで書かれていく。詳細な史実は証明できないが、遺された鉄火棒、川口（川崎）播磨の法名札、子孫たちによる慰霊の継続は、史実を現代に伝える証左ではなかろうか。

参考文献

・飯泉五郎作編『関東三大堰ノ一沿革誌』（一九〇九年）
・筑波教育会編『筑波郡案内記改訂増補』（一九一九年、国立国会図書館デジタルコレクション三五〇―一四六イ）
・塙泉嶺『筑波郡郷土史』（一九二六年）
・谷和原村史編さん委員会編『図説谷和原の歴史』（一九九九年）
・清水克行『日本神判史』（中公新書、二〇一〇年）

6

史料の森へと入り込むことで見えてくる戦乱の実態

「島原の乱」関係史料との出会い

若山浩章

対象地域

長崎・熊本・宮崎

1　はじめに

小学生の子どもが「お父さん、江戸時代に悪いやつをボコボコにする三人組がおったちゃろう?」と尋ねてきた。最初何のことかピンと来なかったが、「ああ、ピンチになると風車が飛んできよったわ」と答えた。テレビ番組から「水戸黄門」がここしばらく消えているので、見てない子どもからすれば知らないのも無理はない。私が小さい頃は、私だけでなく友達のほとんどがこの番組を見ていて、次の日話題になったものである。また三年ほど前、高校の授業で「遠山の金さん」の話をしたら生徒から「何それ？」と言われてしまった。悪人をボコボコにする時代劇がテレビから遠のいていくので、金さんのようなヒーローでさえも生徒は知らないという認識がなかった私がうかつだったのである。かつて高校や中学校の教壇に立っていた頃、「テレビドラマはこうだけど、実際はこうだったのよ」式の授業をやっていたが、もはやそれは通用しない時代になっている。

しかし、テレビドラマの部分を取ってしまって「実際はこうだったのよ」と言えることは、歴史研究の面白さであると思う。史料の森へ分け入って、実はこうだったのではないかと推論することが研究の面白さであり、調べる原動力になっていることは間違いない。

2 史料の森の入口にたつ

もう二〇年くらい前、朝日新聞社が『朝日百科　日本の歴史』シリーズを刊行したが、写真入りだったので毎週楽しみに購入をしていた。その『朝日百科　日本の歴史別冊』シリーズの一五『城と合戦』（朝日新聞社：一九九三）の中で、藤本正行氏が「島原の乱」について書かれている。その中に「宮本武蔵書状」の写真と解説が収録されていた。延岡藩主有馬直純宛のもので、武蔵も島原の乱で攻め手の側にいて投石をうけて怪我をしたことが知られる。当時は「剣豪武蔵も石には叶わなかったか」と笑ったものだったが、延岡藩の有馬家に関わる史料であり、本県出身の私にとっては興味をそそる史料であった。しかし所蔵者が個人蔵となっていたので、それ以上深くは追求せず、そのままやり過ごしてしまった。

ところが最近この書状に再会することとなり、改めて島原の乱と有馬氏との関係を調べる機会を与えられた。とはいってもやり過ごしたくらいだから、乱についてほとんど知識のない状態だったので、図書館に行って調べてみることにした。そこで手にしたのが五野井隆史氏著『敗者の日

本史一四　島原の乱とキリシタン』（五野井：二〇一四）である。取り急ぎ乱の経過を把握すべく読み始めたが、読み進んでいくと有馬氏の話が出てくる。考えてみれば有馬氏は島原から延岡に転封されたのだから、島原の地は旧領で熟知している訳だし、原城に籠城した者たちの中にはかつての家臣たちもいたので当然と言えば当然である。当時の上使衆も土地や領民についての情報提供者としての役割を有馬家に期待した。さらには籠城している者たちへの交渉をも行わせている。この役を担ったのが有馬五郎左衛門という家臣であり、交渉相手が山田右衛門作という人物であった。同書からはこの五郎左衛門と右衛門作の交渉の様を攻める側も守る側も目をこらしていたのがうかがえる。五野井氏は『原史料で綴る天草・島原の乱』（鶴田：一九九四）収録の史料を多く活用されていたので、早速借りだして関係史料をめくっていった。すると結構な有馬氏関係史料が集まった。同書は編年順にまとめてあるから、一つの史料から所々に記事が引用されている。そこで、史料の出典となっている「有馬五郎左衛門筆記」を通しで読んでみたいとの思いにかられ、本史料が収録されている『島原半島史』（林：一九五四）を借りだした。

3　史料の森に分け入る

『島原半島史』には、多くの関連史料がまとまった形で紹介されている。「有馬五郎左衛門筆記」は、有馬家の家臣有馬五郎左衛門が乱後にまとめた従軍記とも言うべき史料であり、収録時点ではすでに原本は確認できず、写しとなっていた。

奥書には次のようにある。

（寛永十五年二月）二十八日に本丸にて鑓を合せ突留、刀切手を負彼是右に細に書出置申候、原の城にての仕合御吟味の刻、年寄中之儀御吟味不被仰付候、自然以後御沙汰も於有之は此帳面に濃に有躰の儀書出置申候、誰人も左様心得可被申候、為後日如斯候、以上

寛永十五年三月　日

有馬五郎左衛門　判

これによると、二月二八日の城内突入に際して負傷したこと、これに対して年寄衆の吟味がなされなかったことに対する不満、一方では今後の期待を込めながら、だれでもこのあたりの事情を心得ておくようにと強い口調で結んでいる。本人の乱に対する労苦と自負が垣間見える史料である。

少々長い内容であるため、印象に残った冒頭の部分を一部紹介したい。乱発生後、藩主有馬直純が延岡に帰ってきたのが寛永一四年（一六三七）一一月二二日。同二七日には幕府上使への使いとして林田求馬介・三井丹下助・山尾五左衛門等が高来《たかき》表（現、長崎県諫早市高来町）へ遣わされる。続いて一二月三日、家老林田図書助が板倉重昌のところへ派遣される。そして松平信綱・戸田氏鉄の下向の情報が二四日に入ると使者として五郎左衛門が遣わされるところとなり、その日のう

ちに出立した。

二五日高千穂郷の七折《ななおり》（現、宮崎県西臼杵郡日之影町）に入るが、七折坂で先に派遣されていた御徒士長友半助にバッタリ出会う。現地の様子を尋ねると、二〇日、板倉重昌の命令で総攻撃が行われたが、城はびくともせず、かえって被害が甚大だったとのこと。そして三井丹下、山尾五左衛門らが立花勢とともに攻撃に加わったが討ち死にしたということだった。五郎左衛門は容易ならざるものを感じたに違いない。鉄砲二〇挺をすぐ持ってくるよう半助に指示した。二〇挺が追い付いたのは二九日熊本（現、熊本県熊本市）に入ってからである。五郎左衛門等は山鹿《やまが》（現、熊本県山鹿市）で越年、正月二日に神崎《かんざき》（現、佐賀県神埼市）に入る。ここで松平信綱や戸田氏鉄が肥前寺井（現、佐賀県佐賀市）から出船したとの情報を得る。山越の次は渡海である。五郎左衛門等も寺井に行き渡海の船を手配しようとしたが、五反帆の船だと寺井から島原へ行くのに通常だと六七匁なのに二〇〇目ほどかかるという。一行は七二人に馬一頭。五反帆・六反帆の船だと二艘必要になり、たちまち銀子不足となった。結局、熊本本町の別当鶴次郎から銀一貫目を借用して熊本川尻から渡海することになった。川尻を出たのが一三日、一四日に島原に到着している。島原まで行くのに二〇日余り。着いたら着いたで仕寄場が外の大名衆に占められていて場所が無い。島主が到着するまであわてて小屋がけする始末であった。戦の前に一戦である。

「有馬五郎左衛門筆記」の内容は、この後、山田右衛門作との交渉、二七日から始まる戦闘と生々しく綴られていくが、勝者として自らの活躍を誇らしげに語るようなところはない。征圧後の三月二日、五郎左衛門と生け捕りにされた右衛門作が会話をする場面が記されているが、大江浜で会った時は恐ろしかったと語り合っている。当時の武士たちの本音がうかがえる。

4 さらなる森の深みへ

『島原半島史』の「有馬五郎左衛門筆記」の次に目をやると「松竹吉右衛門筆記」という史料が収録されていた。吉右衛門は三井丹下や山尾五左衛門らとともに二〇日の攻撃に参加し、負傷して生還した家臣である。二〇日の城攻めは塀を登るところから始まる。夜明け前、丹下や五左衛門らに付き添い吉右衛門・羽右衛門・百姓甚吉・足軽寺田弥五右衛門・作之丞・庄八郎・弥左衛門ら一〇名で城の塀際二間のところまで進んだ。朝七ツ前に塀乗りが始まる。すると城内から夥しい数の石が飛んできた。隙間無く飛んでくるので塀に手をかけることもできない。そのうち足軽寺田弥五右衛門が石に当たりものすごい出血で倒れる。吉右衛門は丹下のところに知らせようとしたが、石が右肩にあたり負傷。丹下は吉右衛門に引き退くように指示するが、吉右衛門は退かない。

夜明けになると一斉に城内から発砲が始まる。五左衛門が負傷、肩を貸して引こうとした庄八郎が鉄砲に当たって討ち死。次に丹下が矢と鉄砲に当たり討ち死。吉右衛門も腰のあたり命中し、前後不明になり転倒、そのまま気を失ってしまった。辰の刻に漸く目が覚める。月夜の中辺りを見回すと弥左衛門が負傷、甚吉は矢隠れの所に潜んでいた。甚吉は吉右衛門が動けそうもないので、先ず弥左衛門を引かせ、その後また帰ってくると言って立ち去った。すると再び一斉に発砲が始まる。これでは誰も助けには来ることができない。横たわっていると丹下の指物が見える。敵に奪われては大変と取りに行った。そして這いながら矢隠れの所まで行き伏せて見ると五左衛門が亡くなり配下の者が付き添っている。しばらくして吉右衛門は丹下の指物を杖にして浦田浜辺りまで下っていったが気を失った。申刻ころ丹下の下人九助に見付けられ救助されたらしい。吉右衛門は余り覚えていないという。

「松竹吉右衛門筆記」は戦場の様子が細かに描写されこれは実に生々しい。それにしても投石の破壊力は凄まじい。一つ一つ飛んでくれば避けようもあるが、大量に一斉に飛んでくるとどうにもならない。当たってしまえば動けなくなる。そこを鉄砲で撃たれる。二〇日の攻撃が失敗に終わり板倉重昌も討ち死にしてしまうが、乱における投石の実態を改めて認識した。

5　森のなかでの出会い

これらの史料を読んでいくなかで、吉右衛門のような負傷者や死亡者がどのくらいいたのだろうかと考えた。史料には討ち死にや負傷者の数は出てくるが、その原因まで記されている史料は見つからない。手がかりはないか。何の気なしにパソコンをカチカチクリックしてネットをさまよった。何で検索をかけていたのかもう忘れてしまったが、「何これ?」と思わず目に飛び込んで来たのは、「原城の記憶―延岡藩・有馬氏の攻防―」という特別展の案内である。明後日で終わりというタイミングであった（作り話だと思われるかもしれないが、本当である）。早速、会場の撤収やら史料の返却やらで忙しいさなかの担当者にお電話を差し上げた。

ご対応いただいたのは南島原市教育委員会世界遺産推進室の中山和子氏で、多くの御教示をいただいた。有馬氏の乱関係の史料を教育委員会がご所蔵で、しかも報告書を既に出されているとのことであった。早速お願いをして報告書を拝読することができた。『有馬家島原・天草一揆関係文書『原之城乗吟味帳』『高来原之城手負人数付』』（南島原市教育委員会：二〇一五）では、表題にある関係史料の写真と翻刻が掲載されている。後者の『高来原之城手負人数付』を見ると、例えば「刀手　有馬五郎左衛門」「鑓手・石手　近藤豊前」などと具体的に手負者と何による手負か記されている。石手と見えるのが石によるものなのであろう。記された手負者は全部で二二三人。近藤豊前のように複数箇所の者もいるが、とにかく石手と書かれているのは九三名にのぼる。約四割は石にやられたということになる。また前者の史料には「上ヨリ石にてうたれ歩行不罷成罷居候」だとか「石手負申候、目に血入目見へ不申」など疵の様子も語られており、被害の実態も鮮明に伝わってくる。これらは私の想像を越えていた。戦場とはかようなものだったのか。籠城

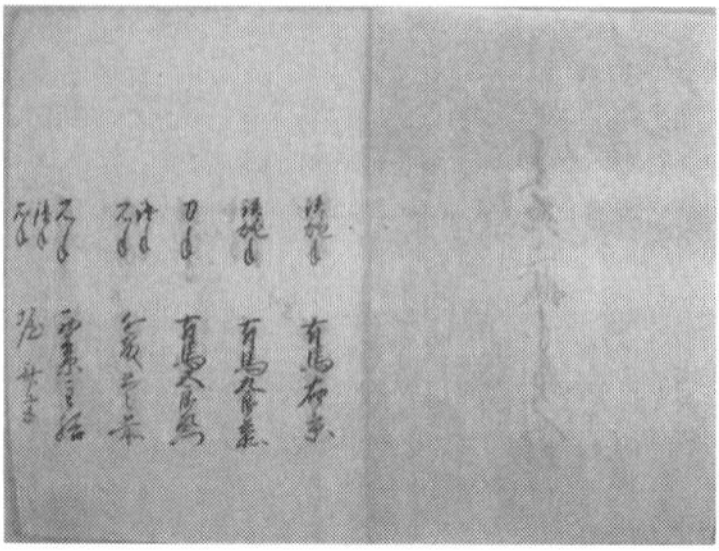

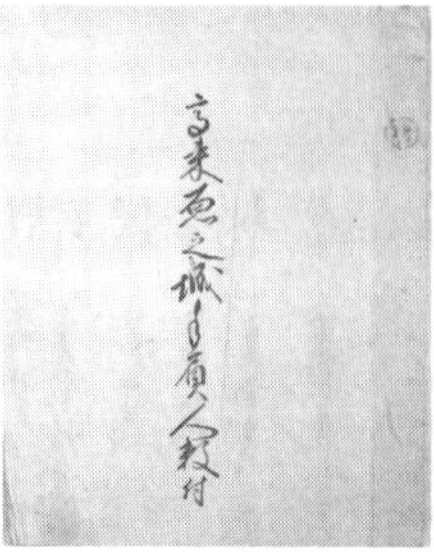

「高来原之城手負人数付」
『南島原市文化財調査報告書　第８集　有馬家島原・天草一揆関係文書『原之城乗吟味帳』『高来原之城手負人数付』　』（南島原市教育委員会、2015 年）より転載

した人々の凄まじいまでのエネルギーとそれを抑えようとする幕府方の憎悪がむき出しになっているのがうかがえる。

６　おわりに―史料の森の中で考えたこと

「宮本武蔵書状」との最初の出会いで、笑ったのはとんでもない間違いであった。武蔵だからこそ怪我ですんだといえるのかもしれないし、単に運がよかったと言えばいいのかもしれない。事実を知ると己の認識が変わる。認識が変わるきっかけになったのは史料の森に分け入ったからである。分け入ったのは、「知りたい」という単なる私の動機であった。不思議なもので知りたいと思うと「もう一つ奥へ」史料の森に入っていく。するとまた新たな史料に出会う。そのくりかえしであった。

　ここに引用した史料はいずれも新出の史料という訳ではない。研究者の間ではすでに知られている史料であり、何を今更と思われるかもしれない。しかし有馬氏と乱との係わりという視点で史料を集めてみると、大名にとって出兵とはいかなるものだったのか、転封された大名の旧領への思いはいかなるものであったのか。また投石で何故このように負傷者が出たのか、投石の組織化は如何になされていたのか等思いをいたすことが多々出てくる。それがまた次の研究への動機となっていく。

そういえば、礫の話を若い頃どこかで読んだ気がした。記憶をたどりながら調べたら、網野善彦著『異形の王権』（網野：一九八六）であった。気がつくと研究をし始めた頃の原点に帰ったような気がする。網野氏は島原の乱が、組織的戦闘に当たって飛礫が用いられた最後の例ではないかと指摘されているが、もう一度、最初から読み直そうと思っている。

参考文献

・林銑吉編『島原半島史』（中巻、長崎県南高来郡市教育委員会、一九五四年）
・網野善彦『異形の王権』（平凡社、一九八六年）
・藤本正行「島原の乱」（『朝日百科日本の歴史別冊』シリーズ一五『城と合戦』、朝日新聞社、一九九三年）
・鶴田倉造編『原史料で綴る天草・島原の乱』（本渡市、一九九四年）
・五野井隆史『敗者の日本史一四　島原の乱とキリシタン』（吉川弘文館、二〇一四年）
・南島原市教育委員会編『南島原市文化財調査報告書第八集　有馬家島原・天草一揆関係文書『原之城乗吟味帳』『高来原之城手負人数付』』（南島原市教育委員会、二〇一五年）

7

石が語る歴史に耳を傾けよう！

石碑と石材から地域の歴史を読み解く
――岩手県内の近世石碑と墓石から――

兼平賢治

対象地域
岩手

1　はじめに

江戸時代のことを研究するために、以前は、もっぱら古文書に書かれたくずし字を読み解いていた。しかし、石に文字が刻まれた石碑にも強い関心を持つようになったのは、東日本大震災の後、郷里である岩手県の沿岸自治体を被災文化財の状況確認のために訪れたこと、そして、山田町《やまだ》における石碑の悉皆《しっかい》調査に参加したことが大きい。その後、教育委員会の協力のもと、平成二八年（二〇一六）の台風一〇号豪雨災害で甚大な被害を被った岩泉町《いわいずみ》と、内陸部の石碑の調査の必要性から紫波町《しわ》で、石碑の悉皆調査をおこなった。もちろん、それまでも石碑に無関心だったわけではない。しかし、地域に数多くある石碑から何かを読み解こうとすることは、してこなかった。

石碑の所在地を把握する際に大いに活用したのが、県内の数多くの自治体で作成されていた石碑の調査報告書である。調査の内容に精粗はあるが、その地域にある石碑について詳しく知ることができる。しかし、各自治体単位で作成されていることから、当然ながら、その地域にある石碑のことは詳しく知ることができるものの、ほかの自治体との違いはみえてこない。複数の調査報告書を比較・検討をすることで、各地域の石碑がもつ固有の特徴を、より鮮明に見出すことができるのではないか、との思いを持つにいたった（図1）。

そこで、研究助成金を得て、岩泉町と紫波町の悉皆調査を進めるとともに、各自治体の石碑調査報告書の成果をデータベース化する作業を進め、岩手県域の俯瞰的な把握を試みた。この章では、それによって得られた研究成果を紹介するとともに、最近、新たに調査を進めている石碑や古墓の石材からも、地域の歴史を読み解くことにしたい。

2　三閉伊一揆の指導者と西国順礼塔

ところで、石碑の分布に着目して、弘化四年（一八四七）と嘉永六年（一八五三）に発生した盛《もり》岡《おか》藩（藩主家は現在の岩手県盛岡市に居城を構えた外様《とざま》大名南部《なんぶ》家）最大の一揆である三閉《さんへい》伊一揆に言及した研究があるので紹介したい。

はじめに三閉伊一揆について説明しておこう。三閉伊とは、沿岸部の三つの代官支配区域（代官支配区域を「通《とおり》」と呼ぶ）である九戸《くのへ》郡の野田《のだ》通と閉伊郡の宮古《みやこ》通・大槌《おおつち》通の総称である。この三閉伊の百姓らが、御用金の撤廃と諸役の負担免除などを求めて、弘化四年に、家老の知行地である遠野《とおの》に約一万二〇〇〇人が押し寄せた。これを弘化の三閉伊一揆と呼ぶ。この事態を藩はな

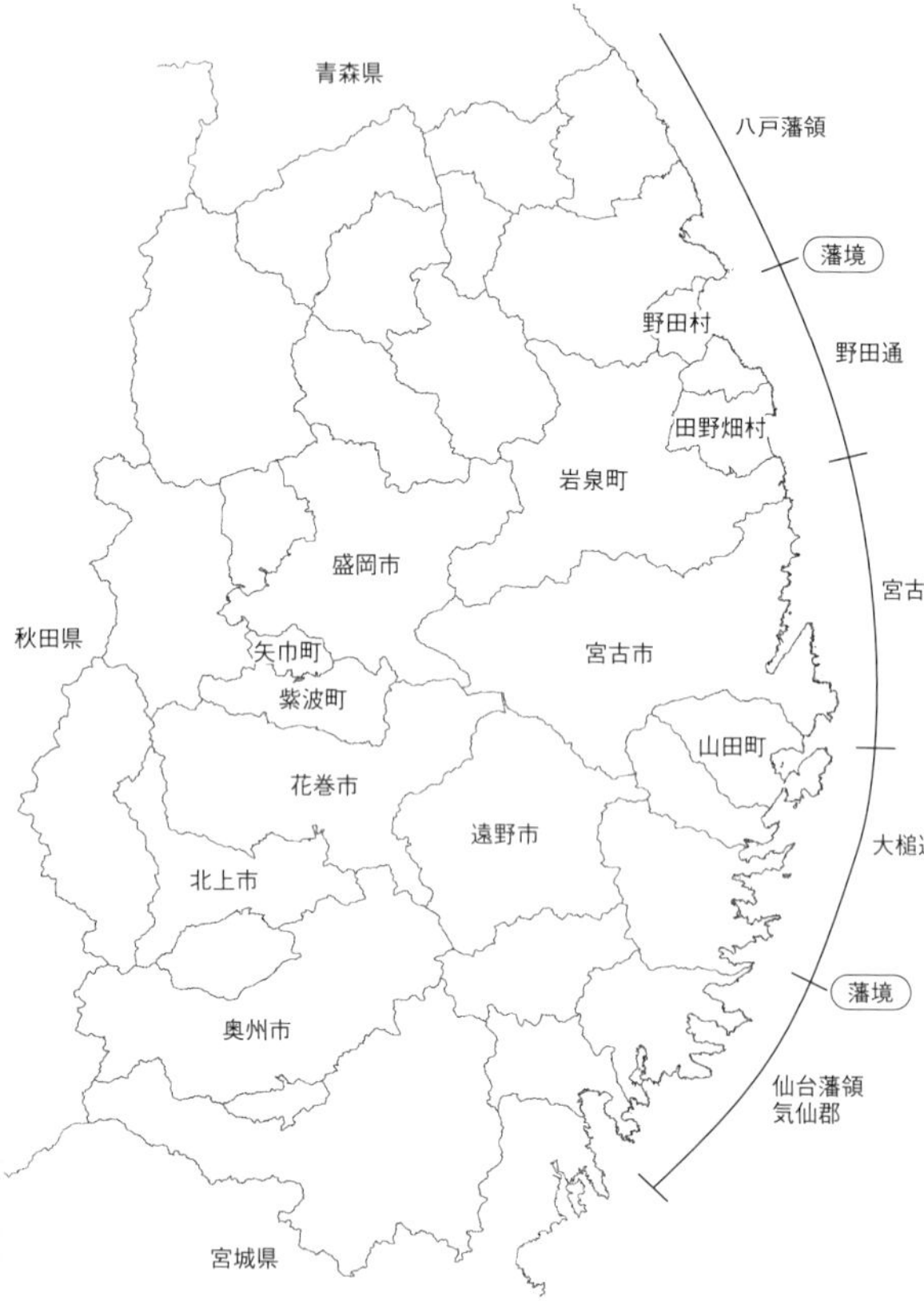

【図１】岩手県地図
　＊本章で紹介した自治体のみ表記した

んとか収めたが、嘉永六年（一八五三）、今度は藩境を越えて、隣藩である仙台藩領の気仙《けせん》郡に約八〇〇〇人が進んで越訴《おっそ》をした。要求も、藩主の交代、三閉伊の仙台藩領化または幕領化を求めるなど、政治的であった。これを嘉永の三閉伊一揆と呼ぶ。

これだけ多くの百姓らを統率した三閉伊一揆の指導者について、盛岡藩の百姓一揆を研究してきた茶谷十六《ちゃたにじゅうろく》氏は、彼らの思想や見識を育むうえで、伊勢参詣道中と西国順礼が重要な意味を果たした、と評価している。そして、指導者を輩出した田野畑《たのはた》村に、弘化・嘉永年間のものを中心に、順礼記念塔が四四基あることにも注目した。例えば、茶谷氏がその生涯を紹介した、弘化の三閉伊一揆の指導者の一人、岩泉町安家《あっか》出身の安家村俊作は、「西国順礼道中記」（個人蔵）を残しているし、道中の心構えとして「三都ともども町々歩行の節、心と足を牛の如くにすべし、此の心懸け第一なり」と記してもいる。そして、出身地である岩泉町内には、西国順礼塔が三〇基もある。茶谷氏の指摘を裏付けるものだろう。

こうした沿岸部の一方で、三閉伊一揆よりも早く、一八世紀中期以降、領内各地に波及するような大規模一揆が発生していた内陸部はどうなのか、という疑問も湧く。そこで、データベースをもとに県内の西国順礼塔の分布をみると、確かに沿岸部に多く、田野畑村や岩泉町のほか、宮古市には九三基あるなど突出している（写真1）。しかし、内陸部に進むにしたがってその数を減らし、特に城下町盛岡の周辺（盛岡市、矢巾《やはば》町、紫波町）では、西国順礼塔を確認することはほとん

【写真１】山田町の西国順礼塔
（筆者撮影）

どできないのである。

だからといって内陸部の領民が伊勢参詣や西国順礼をしていなかったのか、といえば、そのようなことはない。一八世紀中期の明和年間には、女性を含めた領民の抜参《ぬけまいり》の多さから、藩が規制を加えてもいる（盛岡藩家老席日記「雑書《ざっしょ》」明和四年〈一七六七〉三月一八日条、もりおか歴史文化館収蔵）。また、内陸部の北上《きたかみ》市に位置した、仙台藩との藩境に近い黒《くろ》沢尻《さわじり》通の百姓らは、三閉伊一揆よりも早く天保八年（一八三七）正月に越訴し、仙台藩の「預かり地」にしてほしいと訴えていた。日ごろからみられた藩境を越えた活発な人・物の交流・移動が、越訴という行動につながったのだろう。そして、安家村俊作の日記（個人蔵）の天保八年正月の記事には、次のようにある。

> 正月十三日、花巻《はなまき》通の者千余人、願の筋にて江戸表へ罷《まか》り出候由《よし》にて、仙台御領迄《まで》罷り通るよし。仙台にて御取りおさへ候て、盛岡へ御飛脚来たり。御城下より御目付衆数人、仙台御領へ罷り越し、御引き取り成され候。数日、仙台にて御納めこれ有り。

藩境の守りの要《かなめ》である花巻城代が管轄する黒沢尻通を含む地域の盛岡藩領民が、江戸に出訴するため仙台藩領を通行中に取り押さえられたこと、そして、盛岡藩が役人を仙台藩領に派遣したことが記録されており、俊作が越訴に関心を寄せていたことがわかる。天保八年の越訴は、三閉伊一揆にも影響を与えていたといえるだろう。

これまで述べてきたことから考えると、沿岸部における西国順礼塔の数の多さ、内陸部における少なさは、伊勢参詣や西国順礼をおこなった領民の数に比例するものではなく、建碑の種類の相違、つまり「どの石碑を建てるか」の違い、と考えたほうがよさそうである。沿岸部に多いことから考えると、海上交通の守り神として知られる讃岐国《さぬき》（香川県）の金刀比羅宮《ことひら》への参詣を含めた西国順礼の記念塔である西国順礼塔が、この地域の人びとの生業や信仰にも深くかかわって、数多く建立されたのではないだろうか。

そして、三閉伊一揆の指導者の思想と見識とを育んだ伊勢参詣道中と西国順礼の重要性は、茶谷氏の指摘どおりであるが、沿岸部と内陸部とを問わず、広く盛岡藩領全体を対象として、その与えた影響を検討すると、さらに魅力的な盛岡藩の歴史を描くことができるのではないだろうか。

3　岩泉町の牛馬塔と塩の道

先に紹介したように、安家村俊作を輩出した岩泉町で石碑の悉皆調査をおこなったが、その際に驚いたのが、「牛馬塔」「牛馬供養塔」の多さである（写真2）。中世以来、武士の垂涎《すいぜん》の的であっ

【写真2】岩泉町の正徳寺参道の牛馬塔（筆者撮影）

た南部馬《なんぶうま》を産出した盛岡藩領では、江戸時代に建てられた「馬頭観世音《ばとうかんぜおん》」の石碑を数多く目にするが、「牛」の文字が刻まれた石碑を見出すことはほとんどない。そうしたなかで、岩泉町内では「牛馬塔」「牛馬供養塔」を五四基確認でき、江戸時代のものに限定しても一二基確認できる。しかも、江戸時代の「馬頭観世音」はわずか八基しかみられず、「牛馬塔」「牛馬供養塔」の数のほうが多いのである。

　つまり、岩泉町では、「牛馬」として供養し、「牛馬塔」「牛馬供養塔」を建碑する習慣が江戸時代から近代に続いており、そこに大きな特徴を見出すことができるだろう。ちなみに、データベースから、県内における江戸時代の「牛馬塔」「牛馬供養塔」とそれに類する石碑を確認できるのが、いずれも沿岸部の自治体であることは特徴的である。

　では、このような傾向があらわれるのはなぜなのだろうか。明治時代のはじめに、国の「皇国地誌」編纂事業にともない岩手県が編纂した「岩手県管轄地誌《かんかつちし》」（岩手県立図書館所蔵）から、盛岡藩領における牛馬の飼育状況を概観したい（表1、旧盛岡藩領、岩手県の郡のみ、青森県の北《きた》郡・三戸《さんのへ》郡を除く）。

　盛岡藩領は馬産地で、領内に九万頭の馬がいたと「雑書」に記録されているように、全域で数多くの馬が飼育されていたことがわかる。そして、内陸部をみると、岩手・紫波・稗貫《ひえぬき》・和賀《わが》郡では、牛がほとんど飼育されていない。一八世紀前半の享保年間に、藩は幕府に、「余国と違ひ、南部には惣じて牛少なく、百姓共も牛は用ひ申さず」と報告しているが（「雑書」）、飼育状況と合致しているだろう。一方で、三閉伊と呼ばれる沿岸部を含む九戸郡（野田通）と閉伊郡（宮古通・大槌通）は、牛の頭数が突出して多く、また、内陸部でも山間部に位置する二戸《にのへ》郡は、ほかの内陸部の郡に比べると、牛の飼育頭数の割合が高い。

　このように、一部地域で牛が多く飼育され、重宝されたのはなぜなのだろうか。それは、山間部であれば、蹄がひとつの奇蹄《きてい》類である馬よりも、地面をしっかり捉えることのできる偶蹄《ぐうてい》類である牛が、山越えの際に活躍したからである。しかも、荷物の運搬において、盛岡藩の法令では、一人で扱える頭数

【表1】旧盛岡藩領の飼育牛馬頭数一覧

郡名	馬数	牛数
岩手郡	一三、七三一頭	五五六頭
紫波郡	六、六一八頭	九四頭
稗貫郡	六、一一七頭	（記載なし）
和賀郡	六、八七八頭	九九頭
閉伊郡	一六、五四〇頭	九、二四九頭
九戸郡	一一、五三一頭	七、七四九頭
二戸郡	七、〇六八頭	六四七頭
合計	六八、四八三頭	一八、三九四頭

「岩手県管轄地誌」をもとに筆者作成

【写真3】野田村の野田の牛方像（野田村観光協会）

が、三頭までである馬に対して、牛は六頭まで認められているなど、一度に運べる荷物の量においても有利であった。

　そして、沿岸部の三閉伊で牛が多く飼育された背景には、盛岡藩領の内陸部と沿岸部との交易としてよく知られる駄《だ》替《が》えの影響が大きい。三閉伊では漁業と製塩が盛んにおこなわれ、内陸部に肴や塩を運んで米や日用雑貨と交換する。これが駄替えである。しかも、沿岸部と内陸部との往復には北上高地《きたかみこうち》（北上山地）を越えなければならず、そこに牛が活躍する理由があった。

　沿岸部と内陸部とをつなぐ街道のなかでも、野田通に起点をもつ野田街道と宮古通に起点をもつ小本《おもと》街道（小本は現在の岩泉町小本）は、特に「塩の道」として知られている。いまでも野田村の「道の駅のだ」には野田の牛方《うしかた》像が建つし（写真3）、岩泉町の早坂峠《はやさかとうげ》には、小本街道を行き交う牛方が歌ったとされる民謡の南部牛追唄《うしおいうた》発祥の地として、その記念碑が建っている。

ところで、北上高地を越えて内陸と沿岸とを往復することは、そう容易ではなかった。例えば「雑書」享保九年（一七二四）二月九日条によると、次のようにある。

一、上田《うえだ》通御代官所の内、明神長根《みょうじんながね》にて、去月廿三日、閉伊より参り候牛方拾人、牛三拾二疋《ひき》肴荷附け参り候処《ところ》、雪風に逢ひ、壱人倒れ死、牛三拾壱疋雪下に成り死に候由、（以下略）

閉伊郡の牛方一〇人が牛三二頭に肴荷を付けて、城下町盛岡に近い上田通までやって来たが、吹雪に遭い、牛方一人が行き倒れ、牛は一頭を除いて死んでしまったという。このように、沿岸部と内陸部との往来は、命をつなぐ生活の糧を得るためのものであったが、その行程は、時として命を失う危険と隣り合わせでもあった。そう考えると、馬とともに牛の無病息災を願い、日頃の感謝や亡くなった牛への供養の気持ちが岩泉の人びとは強かったのだろう。そのあらわれが、沿岸部、特に岩泉町に多くみられる「牛馬塔」「牛馬供養塔」であり、その地域の歴史や文化、日々の営みが、石碑に反映された事例といえるだろう。

4　北上川舟運と石巻産井内石

最後に、近年、地層や地形、岩石に詳しい研究者とともに調査を進めている石碑などの石材、そのなかでも特に、岩手県と宮城県を流れ、石巻《いしのまき》市に河口をもつ東北の大河、北上川の舟運《しゅううん》によって運ばれていたとされる石巻産の井内石《いないいし》（稲井石とも表記される、別称として仙台石）について

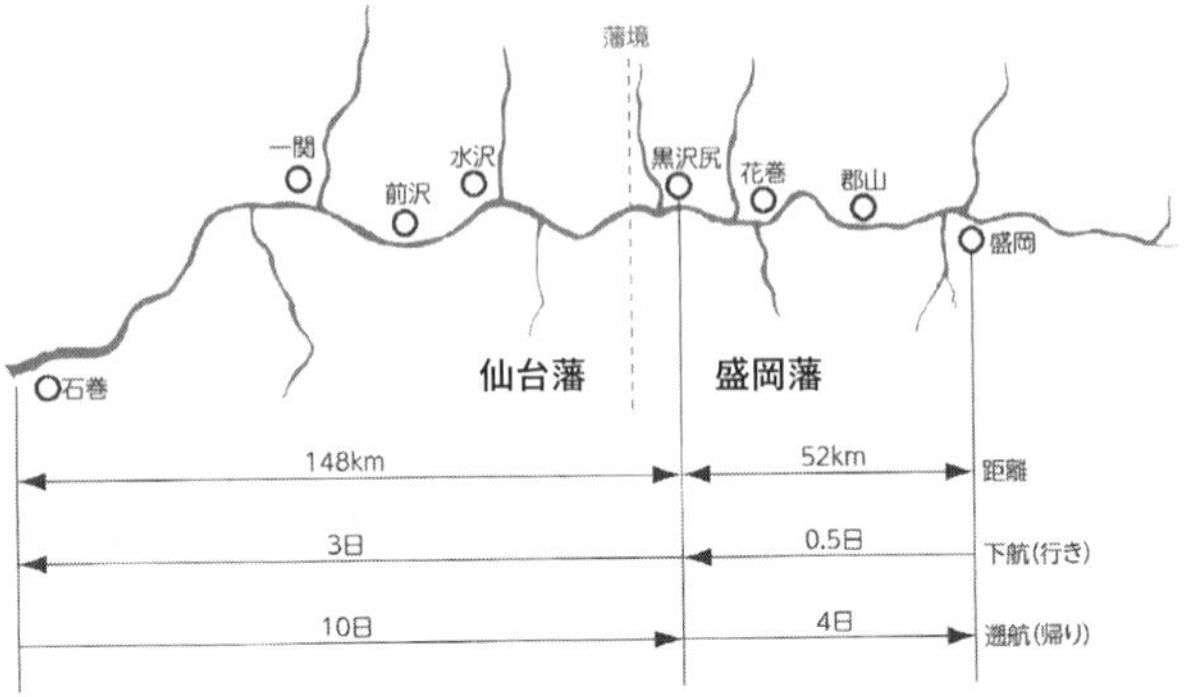

【図２】北上川舟運の路線図（『南部藩の北上川舟運と黒沢尻河岸』〈北上市立博物館〉をもとに作成）

紹介しよう。石材の流通を調べることで、地域の新たな歴史を掘り起こすことにもつながるからである。

　まず、江戸時代の北上川舟運について、簡単に説明しておこう。舟運の起点は盛岡藩の城下町盛岡にある新山《しんざん》河岸《かし》であり、終着点は河口のある仙台藩領の石巻である。石巻からは海運によって、江戸などに荷物が運ばれた（図２）。

　この北上川舟運は、江戸に米を運んで換金する廻米《かいまい》に利用されたことから、下り荷物は米が中心であった。そして、石巻で荷下ろしした後は、古手《ふるて》と呼ばれた古着や食料品、日用雑貨などの軽い荷物を積んで遡航《そこう》したが、帆にあたる風が十分でない時は、人力で舟を引いて遡《さかのぼ》った。盛岡と石巻とのあいだは、下りはわずか三・五日ほどであるが、遡航時は一四日ほどを要した。実際には、さらに日数を要したようである。

　そして、遡航時に、軽くなった舟のバランスをとるため、底荷《そこに》（＝バラスト）として積まれたとされるのが、石巻産の井内石である。河岸や船着場のあった岩手県の北上市や花巻市では、現在もそうした伝承が残されている。しかし、井内石の運搬を明確に記した古文書が発見できないことから、頭を悩ませていた。

舟運による井内石の流通実態を知る手がかりはないのか。そのように考えていたところ、北上市にあった盛岡藩側の最大の河岸である黒沢尻河岸のすぐそばにある染黒寺《ぜんこくじ》を訪ねた際、江戸時代の古墓に井内石が数多く使用されていたことに気付いた。しかも、墓地を見渡すと、江戸時代から昭和時代までの井内石の墓に囲まれている状態のなかに立っていた。

その墓石を確認すると、古くは一八世紀前半の享保期のものも確認できる。しかも年代の古い墓は端材のような薄い板状のものであり、まさに底荷として積むのに最適な形状でもあった。そして、黒沢尻河岸では、城下町盛岡の新山河岸まで狭く浅くなる北上川をさらに遡航するために、大型船の艜《ひらた》船から小型船の小繰《おぐり》船に荷物を積み替える必要があった。こうしたことから、底荷として運ばれてきた石巻産の井内石が、黒沢尻河岸で荷物とともに陸揚げされ、それが墓石として再利用されたのではないか、と推測している。

ちなみに、一八世紀後期の寛政年間以降になると、蒲鉾型と呼んでいる形に整形された墓石が多く流通するようになる（図3）。この蒲鉾型の墓石は、石巻市の寺院では享保年間のものが確認でき、それが後に、北上川舟運で運ばれて北上川沿いに広がったと考えている。黒沢尻河岸から

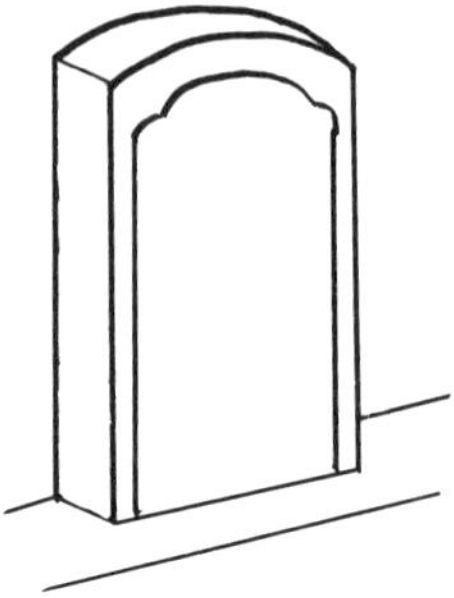

【図３】蒲鉾型墓石の図
（筆者作図）

遡った花巻城下（船着場と渡場あり）周辺の寺院にも、また、盛岡藩領に近い仙台藩領の河岸である岩手県奥州《おうしゅう》市の下川原《しもかわら》河岸の周辺にも、蒲鉾型の井内石の墓石を数多く確認できる。ここまで商品価値のある墓石が流通しているのだから、古文書に記録として残されてもよさそうなのだが、残念ながらいまだに発見できていない。今後の課題である。

ただ、一緒に調査をしている渋谷洋祐氏のご教示によると、北上市立博物館の入口近くに建つ昭和八年（一九三三）の「白井留吉翁碑」の石材は井内石で、碑の裏面には、「陸前稲井石材商本店石井庄作、黒沢尻支店佐々木長八、多田定蔵・和野内繁松刻」とある。石巻稲井の石材商の支店が黒沢尻に置かれ、井内石の石碑の彫刻を地元の石工である多田定蔵・和野内繁松が施している。

明治以降、特に鉄道が開通する明治二三年（一八九〇）以降、井内石による建碑が多くみられるようになり、さらに石巻の石材商の支店が置かれてもいる。それは、おもな輸送手段が舟運から鉄道に変化しながらも、江戸時代以来の北上川舟運による井内石がつないだ黒沢尻と石巻との関係が、近代に引き継がれたものといえるだろう。井内石とともに加工の技術も伝播し、地元石工の技術向上につながっていた。石巻産井内石の流通をめぐって、北上市や花巻市でさらに調査を進めているが、地域の歴史の掘り起こしにつながる新たな発見が相次いでいる。

これまで、岩手県を事例に、石碑調査の成果を紹介してきた。課題も多く残されているが、石碑や石材から地域の歴史を読み解くおもしろさを少しでも感じてもらえたらうれしい。

参考文献

・遠藤進之助「衣料市場より見たる南部藩の維新に於ける動向の一考察」（『岩手史学研究』第五号、一九五〇年）
・遠藤進之助「藩政期北上川水運の一研究―流域に於ける地方的市場形成の序説として―」（『文化』第一七巻第三号、一九五三年）
・高橋直樹・赤司卓也「東日本を席巻した宮城県石巻産石碑石材「井内石」の地質学・岩石学的特徴と利用状況」（『日本地質学会学術大会講演要旨』二〇一四年）
・茶谷十六『安家村俊作』（民衆社、一九八〇年）
・兼平賢治『馬と人の江戸時代』（吉川弘文館、二〇一五年）
・兼平賢治「近世の石碑からみる地域の歴史―岩手県内の石碑調査をとおして―」（『岩手史学研究』第一〇〇号、二〇一九年）
・兼平賢治「北上川舟運と石巻産井内石・真鶴産小松石との関係」（『岩手史学研究』第一〇五号、二〇二四年）

〔※〕本研究はJSPS科研費JP16K16912（「岩手県内の近世石碑の数量分析および活用に関する調査・研究」）

とJSPS科研費JP20K00944（「盛岡藩の北上川舟運と自然環境の利用に関する総合研究」）の助成を受けたものです。

第3部　いったい何者だったのか!?

8

東大寺お水取りを支えた、ある架空の領主の物語

道観長者とは何者か
――東大寺のお水取りと伊賀一ノ井松明講の伝説――

渡邊浩貴

対象地域
奈良・三重

1　お水取りを支える伊賀《いが》一ノ井《いちのい》松明講《たいまつこう》

奈良県との県境に程近い三重県名張市赤目町一ノ井地区では、二月一一日に檜を切り出し、古来からの寸法に従い五荷の松明木に調製した後、三月一〇日に現地で法要を営み、同月一二日に東大寺へこれらを直接運び込む行事が毎年行われる。「一ノ井の松明調進行事」と呼ばれるこの行事は、これまで「伊賀一ノ井松明講」という地元一ノ井地区を中心とする講組織の重要行事として、長年その伝統が守り伝えられている。調進された松明木は、「お水取り」で知られる東大寺二《に》月堂《がつどう》修二会《しゅにえ》のなかで、「達陀《だったん》の行法《ぎょうほう》」に用いる達陀松明の用材として、調進された翌年の行法に使用される。

三月一〇日に一ノ井地区では、この行事を創始したと伝わる道観長者《どうかんちょうじゃ》を祀る「道観塚」にて、調進法要が東大寺別当らも招かれて盛大に催される。二〇二四年で七七六回を数える調進行事は、宝治三年（一二四九）三月日「法眼《ほうげん》聖玄《しょうげん》田地《でんち》寄進状《きしんじょう》」（『東大寺文書』）にある、東大寺領伊賀国黒田《くろだの》

松明調進当日の様子（2024 年撮影）

新荘《しんしょう》預所《あずかりどころ》の聖玄が東大寺二月堂へ「二七ヶ夜行法《にしちがよのぎょうほう》続松《つぎまつ》(ママ)十二百把料田」を寄進した事跡を起点に置く。聖玄は私領《しりょう》のなかの水田六段を「二七ヶ夜行法」（修二会）に供出する松明料田に宛てており、現在も一ノ井地区内に小字名《こあざめい》として「松明田《たいまつだ》」や通称地名「タイマツヤマ」が残る。この調進行事は遅くとも天正二〇年（一五九二）には松明木二荷が伊賀から東大寺へ運ばれており（同年二月二八日「二月堂領配分米納下帳《にがつどうりょうはいぶんまいのうげちょう》」）、確実に中世まで遡る儀礼である。ゆえにこの調進行事については、東大寺による中世荘園制的支配の残滓《ざんし》を今にとどめるということで注目が集まり、これまで研究が重ねられてきた。

一方、その創始者とされる道観長者なる人物については、地域の伝説という性格もあってか、従来の研究で十分取り上げられてこなかった。松明調進行事の創始者とされる道観長者とはいったい何者なのか。小稿

東大寺への松明運び込み
(2018 年撮影)

道観塚（2023 年撮影）

道観塚での松明調進法要
(2023 年撮影)

では、この人物について文献史料とフィールドワークを踏まえながら考えてみたい。

2　ゆらぐ道観長者伝説

道観長者伝説は様々な地誌類で語られるが、その最も早い事例は国学者菊岡如幻《きくおかげんにょ》が著した貞享四年（一六八七）成立の地誌『伊水温故《いすいおんこ》』の記述である。

【史料一】『伊水温故』西教山極楽寺《ごくらくじ》の条（記事抜粋、傍線等筆者以下同）

往日当郷ノ道観・若狭ノ南無観《なむかん》二人ノ長者南都東大寺ノ境内羅索院（三月堂）・二月堂を再興ス、二月堂修法ノ時若狭ヨリ護摩木一之井ヨリ松明十二荷調進ス、爾《それ》ヨリ今ニ至テ毎年法式ヲ不怠《おこたらず》猶《なお》一之井村ノ民族正月廿八日ヨリ二月堂ニ参向シ二月十五日マデ寺役ヲ勤ム、其給料トシテ田地十二反ノ年貢ヲ免、此式二月堂ノ記録ニ有ト云、雖然《しかりといえども》頼朝卿ノ時代ヨリ恩田《おんでん》ハ沙汰ナシ、続松ハ今ニ至テ昔ニ不変、

二月堂内陣《ないじん》ノ脇ニ一之井ノ間トテ有今ニ他衆ハ不座《ざせず》、是ハ一之井ノ郷人通夜スル処ノ座席也、道観屋鋪有、

【史料一】では道観長者と若狭の南無観長者の二人が東大寺二月堂の再興に尽力したと語られ、一ノ井村が東大寺へ一二荷の松明を調進することなど（ただし現在は五荷を運搬）、現行の調進行事と関連する部分が多い。また道観らの事跡は、鎌倉初期の源頼朝による東大寺復興以前よりも遡

るものと考えられていた。

しかし、次の藤堂元甫《げんぽ》（藤堂藩家臣で伊賀上野城代も務める）が編纂した宝暦一三年（一七六三）成立の地誌『三国地誌《さんごくちし》』では、伝説内容に変化が生じている。

【史料二】『三国地誌』巻之八二伊賀国名張郡（〈 〉は割書）

相伝ふ、道観近隣九郷を領して此に住し、八幡山より良材を出して二月堂を修造し、其所由《しょゆう》を以て、今に至るまで秉炬木《ひんこぎ》を調進す〈秉炬木の料田《りょうでん》を寄附して、字を松明田と云ふ〉、本国一統の後、秉炬木〈檜秉炬百五十束、但一尺二寸幅三寸厚さ三分、一尺二寸廻り十二束を一荷として十二荷、二月十一日に運送す、二月堂内、一井座と云局《つぼね》ありて、十二日の夜籠居して、十三日に帰ることとなり〉一荷に、精米一斗二升宛、東大寺より出すを停めて、一井村より出挙《すいこ》す、正保年間八幡山争論ありて、四・五年の内中絶せしが、東大寺より訴へて慶安四年より元禄十一年まで、毎年二月六日より役夫《えきふ》を宛、正税《しょうぜい》を以て、和州桜井にて炬木を造らせ、二月堂に献ず、同十二年よりもとの如く、一井極楽寺にて製造して、下行《げぎょう》を給はるなり、（中略）宝治三年【東大寺古文書】云、御伊賀国名張郡新庄水田云々、二月堂二七箇夜行法、続松千二百把、料田六段、浄土堂六段、此田者法眼聖玄之伝領也と、此聖玄と云もの、若くは道観が別名なるにや、

ここで初めて、現行行事でも創始の起点と認識される先述の宝治三年三月日「法眼聖玄田地寄

進状」を下敷きに、道観による「秉炬木の料田を寄附」の事跡に読み替えられ、「字を松明田と云ふ」と現地に今も残る小字名と結びつけられる（傍線部）。【史料一】と比較するに、その記述内容は格段に詳細となっているが、松明調進の実施などは共通する部分もある。しかし最も異なるところは、松明調進行事の創始が道観一人の事跡に限定され、その所領規模も波線部「近隣九郷を領して此に住し、八幡山より良材を出して二月堂を修造し」と、大規模な所領を有する領主としてイメージ形成される点にある。以後、近現代の地誌では【史料二】で形成された大領主道観長者の豪奢ぶりが強調され（『三重県神社誌』大正一五年（一九二六）刊行）、道観と聖玄が同一人物とされていく（『新編伊賀地誌』昭和一四年（一九三九）刊行）。

【史料一】と【史料二】の間でなぜこうも道観長者の記述内容に変化が生じたのか。その謎を解く鍵は二重傍線部にある八幡山をめぐる近世の山論《さんろん》（山野紛争）にある。

3　紛争の記憶と道観長者のイメージ形成

近世に名張郡一ノ井村を含む伊賀国を知行した藤堂《とうどう》藩の記録『永保記事略《えいほきじりゃく》』（伊賀城代職藤堂元則《もとのり》による藩政記録）には、「一ノ井村ゟ《より》南都二月堂行ニ往古ゟ八幡山檜松明出し来候得共、近来山論ニ而吉野ニ而買調、奉行ゟ宰領《さいりょう》相添五十年来送リ候之所、右山論去年内済《ないさい》ニ付古来之通八幡山ニ而伐出し候事」（元禄一二年（一六九九）正月二十七日条）とある。一ノ井村では「往古」より「八幡山」から切り出した檜を松明木として東大寺二月堂へ調進してきたが、近年の山論発生により藤堂藩側で大和国吉野から用材を調達し、「宰領」（人夫役の差配者）を付き添わせ調進してきたという。材木を供出する八幡山で山論が勃発した結果、五〇年間にわたる藤堂藩による松明調進行事への援助が始まる。

同年の調進行事について、東大寺側の記録『二《に》月《がつ》堂《どう》修《しゅう》中《ちゅう》練《れん》行《ぎょう》衆《しゅう》日《にっ》記《き》』（修二会の参籠日記）に、「従伊賀国如例年松明為持給、去年迄《まで》者雖為道観帳支配、去年宇多郡与伊賀国山論相済、依之自今年伊賀国主藤堂和泉守藤原高久《たかひさ》被致寄進者也」と記録される。山論中は「道観帳」が調進を担い、山論解決後は藤堂藩による寄進で進められている。係争中の調進行事は、藤堂藩による援助を受けつつも、運搬の実務は一ノ井村の「道観帳《どうかんちょう》」という在地組織が差配していたのである。この在地組織と藤堂藩との関係は、翌年の元禄一三年の調進行事の記述でより詳細に判明する。

【史料三】『二月堂修中練行衆日記』第二十四

一、如例年従伊賀太守松明寄進有之、其口上云、去年中進候通、松明木唯今迄五十ヶ年余山論有之候得共、去年相済申候、往古道観寄進申候得共、去年ヨリ太守寄進仕候、往古ハ市ノ井山ト申ヨリ松明木出シ申候得共、右申候通市ノ井山山論処ニ罷成有之故、去年迄吉野郡ニ而相調差越候処、去年山論相済候ニ付、如往古市ノ井山ニ而出遣候、此山難処故、唯今迄之人夫ニ而ハ難成候ニ付、人夫ヲ増為持進候、右之通太守ヨリ寄進致候間、御祈禱等被抽丹誠

尤之旨申来畢、

［読み下し］※適宜常用漢字に改めた。

一、例年のごとく伊賀太守より松明寄進これあり、その口上に云わく、去年申し進《まいら》せ候通り、松明木ただ今まで五十ヶ年余り山論これあり候え共、去年相済し申し候、往古道観寄進申し候え共、去年より太守寄進仕り候、往古は市ノ井山と申すより松明木出し申し候え共、右申し候通り市ノ井山山論処に罷り成りこれある故、去年まで吉野郡にて相調え差し越し候処、去年山論相済し候に付き、往古のごとく市ノ井山にて出し遣わし候、この山難処故、ただ今までの人夫にては成り難く候に付き、人夫を増して持たせ進せ候、右の通り太守より寄進致し候間、御祈祷等丹誠を抽んぜらるるは尤《もっと》もの旨申し来たりおわんぬ、

一ノ井村からの松明調進する集団が「道観」と呼称され（傍線部）、係争中は大和国からの材木補填を藤堂藩が担い、そして人夫を増員し運搬させていた。つまり、【史料二】の二重傍線部「慶安四年より元禄十一年まで、毎年二月六日より役夫を宛、正税を以て、和州桜井にて炬木を造らせ、二月堂に献ず」という事情は、以上の山論の経過を踏まえるに、従来の松明調進行事には、近世前期まで一ノ井村の在地組織「道観帳（道観）」による運営であったものに、係争期間中に藤堂藩による支援が、そして係争終了後の近世中期以降は藤堂藩主による寄進事業という名目への変遷過程が、反映されていたのである。

そして係争地となった「市ノ井山」（傍線部）は、別の史料で「正八幡ノ正の字をかた取正山と中候」（『宗国史』「封疆《ほうきょう》志《し》」正保四年十月二十日条）とあり、【史料二】で道観が「八幡山より良材を出して二月堂を修造し」たという記述内容の前提になっている。

すなわち、【史料二】で「近隣九郷を領し」「八幡山」を領有する大領主道観長者の姿は、近世前期に生じた一ノ井村が抱えた山野紛争と密接に関連するのである。この紛争を経験して、在地社会のなかで山野領有権を主張する一ノ井村の言説を担保する根拠として、聖玄という具体的な人物をモデルに取りながら、一ノ井村の山野領有権の正当性を裏付ける物語として道観長者伝説が創られ始めたことになろう。しかし当初のイメージ像は、【史料一】にある通り、鎌倉幕府成立以前から一ノ井村を領有し、東大寺二月堂へ援助を行ってきた領主でしかなかった。鎌倉期預所聖玄をモデルとした道観の人物イメージは、近世の山野紛争を経てなされたのである。

4　道観長者伝説と一ノ井村の人々

❶架空（フィクション）の領主「道観長者」

史料で確認できる当初の道観長者伝説とは、【史料一】にある若狭の南無観《なむかん》長者と二人で東大寺二月堂を復興した一ノ井村に古来より住する領主の姿であった。そもそも二月堂修二会の悔過法《けかほう》要《よう》では練行衆が「南無観自在菩薩《なむかんじざいぼさつ》」の名号《みょうごう》を繰り返す内に、次第に「南無観自在《なむかんじざい》」「南無観《なむかん》」と短く変化しており、若狭の長者の名はまさに悔過法要の場で唱えられる本尊《ほんぞん》の名号にちなむ人物と判断できる。では「道観長者」はどうであろうか。

　同じく悔過法要のなかのクライマックスにあたる「宝号《ほうごう》」では、本尊の名号を繰り返し唱え、最終的に「南無観」と縮まり畳みかけるように高揚する。この時、「南無観」の名号を修二会に参加して傍から聞いていると、「ナウカン」という音声で耳に入ってくる（参加した渡邉浩史氏のご教示）。さて、調音音声学の見地からすると、ナ行音とダ行音の子音は調音部位が共通するため、語頭の子音[n]を[d]と混同して、「ナウカン」を「ダウカン」と聞き間違える可能性が高くなる（連続していればなおさら語頭の[n]が強く発音され[d]に近く聞こえる）。さらに歴史言語学の見地から、連接母音の[au]が歴史的に長母音化して[:o]となる事例は多数報告されており、加えて、そもそも「だう」の音を表記できる漢字は日本語に一文字も存在しないため、聞き手側が日本語の漢字に存在する「どう」（「道」の漢字の歴史的仮名遣いは「だう」である）を想起しても何ら不自然ではない（渡邉靖史氏（言語学）のご教示）。つまり悔過法要の場面において、「ナウカン」＞「ダウカン」＞「ドーカン」と名号が聞き間違えられる可能性は決して低くはないのである。

　そうなれば、道観長者自体も二月堂修二会の本尊名号にちなむ名称となろう。松明調進行事を創始した道観長者・南無観長者のいずれもが、東大寺二月堂の本尊名号に由来し、二月堂を支える存在として創造された架空（フィクション）の領主だったことになる。

松明行事帳箱（2020年撮影）

❷一ノ井地区に生きる「道観長者」

しかし、道観長者を単なる架空の領主と断ずることはできない。すでにみたように、近世の松明調進は藤堂藩の援助のもとで、在地組織「道観帳（道観）」によって連綿と継続されていた。一ノ井地区の極楽寺には、「天和壬戌二年（一六八二）一ノ井村 松明行事帳箱 十月廿五日」と墨書された「松明行事帳箱《たいまつぎょうじちょうばこ》」と、安永一〇年（一七八一）～大正一四年（一九二五）までの松明調進の年番を記した横帳綴《よこちょうつづり》「南都二月堂人足帳《なんとにがつどうにんそくちょう》」が今も残る。「道観帳」という組織名称はこの年番帳と関連するのだろうが、一ノ井地区の人々が調進行事の組織を「道観」と呼び、この長者を媒介に、「道観」の名の下に調進行事を行ってきた点は重要である。

筆者は二〇一八年から現在に至るまで、一ノ井松明講と調進行事に参加することを許され、これまで多くの講員や関係者から聞き取りを行ってきた。調進行事は、一ノ井地区に属する約五〇軒のうち、各家の代表者一人だけが参加を認められ、家毎に代々継承されてきた。極楽寺住職のN氏によると、東大寺へ松明を運んだ道は、一ノ井村の人々にとってかつて自分の父や祖父ら先祖達が運んだ道であり、その事跡をなぞることは一種の先祖供養の実践でもあるという。現講長《こうちょう》のM氏は父や祖父の面影をみながら松明を運んだときの気持ちを語ってくれた。また長年講長を勤めていたF氏は、初めて松明調進に参加した時の様子を誇らしげに語り、また東大寺別当が揮《き》毫《ごう》し、講員のみが袖を通すことを許された法被の意義について私に教えてくれた。

【史料一】【史料二】にある通り、近世松明調進行事は一ノ井村の極楽寺を中心に行われる。一ノ井地区の人々が檀家となっている極楽寺は、近世の「道観帳（道観）」から明治期に「松明組」、そして昭和三〇年（一九五五）の道観長者七〇〇年遠忌を契機に「伊賀一ノ井松明講」へと松明講が組織変遷するなか、深く同行事に関わってきた寺院である。松明調進は一ノ井地区の行事でありながら、極楽寺檀家の行事という意味も持つのである（ゆえに賛助講員《さんじょこういん》として他集落の檀家も行事に加わる）。調進行事には極楽寺を通じた先祖供養の意義も持つのだ。

松明を東大寺まで運べば、一ノ井松明講員をもてなすための特別な接待所が東大寺内に用意され、二月堂牛玉宝印《ごおうほういん》が講員に配られる。また大仏殿では内陣《ないじん》まで上がり大仏様を身近で拝観することができる。常に東大寺から特別な待遇を受ける一ノ井松明講とその行事は、一ノ井地区の講員にとってはハレの舞台であり、そして先祖供養の場でもあった。「道観」とはそうした先祖代々にわたり東大寺二月堂に帰依し、松明調進を続けてきた一ノ井地区の人々の姿を、まさに象徴した存在なのではないだろうか。

近世史料にみる道観長者とは、もともと東大寺二月堂修二会の本尊名号にちなむ架空の領主であった。そして山野紛争を経て、藤堂藩主による寄進事業の名目の下で一ノ井村が調進行事を担っていくことの正当性を象徴する人物として、「道観」の具体的なイメージが形成されていく。その過程で、架空の領主が、次第に一ノ井村の人々によって捉え直され東大寺預所の聖玄をモデルに血肉のある存在へと読み替えられ、やがて村の先祖供養と結びつきながら一ノ井松明講の人々の姿そのものになっていき、松明講の人々によって「道観」の物語が毎年再現されていったのである。フィクションの領主道観長者は、一ノ井地区の人々にとって自己のアイデンティティを語る重要な存在へと位置づけられていくのである。

参考文献

・新井孝重「墓塚を掘る悪党」（『東大寺領黒田荘の研究』校倉書房、二〇〇一年）
・元興寺文化財研究所編『東大寺二月堂修二会の研究　研究篇』（中央公論美術出版、一九七九年）
・元興寺文化財研究所編『東大寺二月堂修二会の研究　史料篇』（中央公論美術出版、一九七九年）
・冨森盛一『黒田庄誌』（赤目出版会、一九六八年）
・冨森盛一『赤目の歴史と民俗』（三重県郷土資料刊行会、一九七二年）
・饗庭早苗「東大寺二月堂修二会と講社―一ノ井松明講を中心に―」『日本女子大学院文学研究科紀要』二五、二〇一九年）

・樋口州男「伝承に残る荘園の歴史―黒田荘と長者伝説―」（『中世の史実と伝承』（東京堂出版、一九九一年）
・松鹿昭二『伊賀一ノ井の松明送りと伝説』（三重県立名張高等学校郷土研究部、一九七七年）
・横内裕人「東大寺二月堂修二会と黒田荘―在地に刻まれた荘園支配―」（『日本中世の仏教と東アジア』塙書房、二〇〇八年（初出一九九七年））

9

「与兵衛《よへえ》は四人いた！」

墓石・系図・新出資料から読み解く漆仲買人

桐生海正

対象地域
神奈川

1　はじめに―研究対象との出会い―

筆者が大学在学中から一貫して研究してきたテーマの一つに「近世の漆液の生産と流通」がある。漆といえば「触るとかぶれる」などあまりよくないイメージをお持ちの方もおられるかもしれない。しかし、近年サスティナブルな素材としてＳＤＧｓ関連でも再注目されている。また、最近の高校歴史教科書に縄文時代の遺跡から出土した「漆塗櫛《うるしぬりぐし》」が新たに掲載されるなど、縄文時代以来私たちの生活や文化を支えてきた物質としてその存在が見直されている。

私はとくに人間文化研究機構国文学研究資料館に所蔵されている祭魚洞《さいぎょどう》文庫旧蔵史料の内の相模《さがみ》国足柄上《あしがらかみ》郡柳川《やながわ》村（神奈川県秦野《はだの》市）熊沢《くまざわ》家文書（以下、熊澤家に統一）を用いて研究をおこなってきた。史料目録を参照すると、総点数一六〇ほどの文書群でありながらも、「立木《たちき》漆《うるし》年季《ねんき》売証《うりしょう》文《もん》」（漆木の売買に関する史料）の他、漆液の生産や流通に関する古文書がまとまって残されている文書群である。

　この熊澤家において、近世後期に漆液の仲買人として活躍したのが、与兵衛であった。熊澤家文書を読み解くと、与兵衛は文化期だけでもおよそ三〇〇〇本あまりの漆木を自村や周辺村落から買い集めていたことがわかった。また、「漆掻子《うるしかきこ》」と呼ばれる漆木から漆液を採取する職人とも多く契約を結び、漆液の生産に努めていた。与兵衛は、「漆掻子」に「漆元代金《うるしもとだいきん》」という漆木を買い入れるための代金を前貸しし、その見返りとして一定の利息分を加えた漆液を現物で納めさせるという返済方法をとっていた。こうして与兵衛のもとに集められた漆液は、越前屋清次郎など江戸の漆問屋のもとへと販売されたことを突き止めた。

2　研究を深めることになったきっかけ

　筆者は大学院を修了してからしばらくして、先に述べた内容を研究雑誌に投稿し論文としてまとめた。こうして熊澤家文書についてはある程度史料の読解が済んだために、研究の第一章は幕を閉じた。

　これからどのようにこのテーマを深めていったらよいか考えていたある日、地元秦野市の歴史団体「秦野歴史おこしの会」から講演依頼をいただいた。当初二〇二〇年四月に講演する予定であったが、ちょうどコロナ禍と重なってしまったため、二〇二三年四月に三年の年月を経て、ようやく実施することができた。地元で私の研究を知ってもらうまたとない機会となり、講演会開催は筆者の想像以上によい方向へ転がっていった。今度は会場で聴講いただいた同市柳川地区在住の方から声をかけられ、ＪＡはだの上《かみ》支所主催の講演会の依頼を受けたのである。そして、同年一一月にまさに与兵衛が暮らした地元柳川地区で講演会を実施することができた。

新たな講演を引き受けるにあたり、現在与兵衛に関して存在の知られている史料はほとんど調べ尽くしてしまったため、地元の方には講演会に向けてもう一度柳川地区を調べ直したいという旨を打診した。地元の方も快諾してくれ、本格的に柳川地区を調査していくこととなった。筆者の研究の第二章が幕を開けたのである。

実は筆者も論文執筆の過程で、柳川地区には何度か足を運び、与兵衛家がまだ残っていることは確認していた（当主は東京へ移住し、貸家となっていた）。与兵衛家は、地元の古老の言い伝えでも、「柳川の山林、田畠の大部分を所有し、昔より作男《さくおとこ》、女を雇い、大農経営をし、山に漆の木を植え（中略）、何代か続いて、財力を貯え、土蔵が二、三棟あり栄えていた」といわれるほどの家で、埋蔵小判の伝説も残るほどの名家であったことがわかっていた。伝手をたどって、与兵衛家には、二度ほどお伺いさせていただいたが、それ以降進展はなかった。それがこの講演会に向けた調査をきっかけに大きく進展することになったのである。

3　与兵衛家の墓

地元の方の協力もあり、いくつかの新たな事実がわかってきた。まず現在の与兵衛家（屋号東の下（ヒガシノシタ、ヒガシタ））脇の林の中に与兵衛家の墓地が存在することがわかった。許可を得て調査させていただき、この累代の墓石等の配置を示したものが【図1】である（【図1】中の丸数字は【図2】中の丸数字に対応）。さらに、それらの墓石に刻まれた文字を読み取るなどして系図にまとめたものが【図2】である。

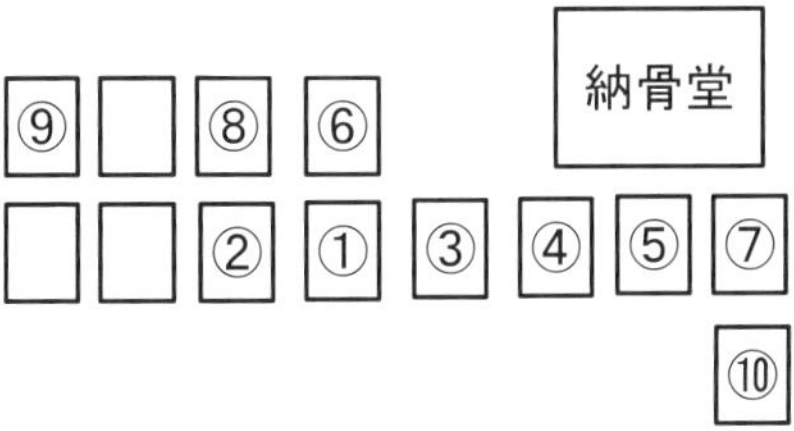

【図1】与兵衛家の墓石等の配置

墓石を見て、とくに驚かされたのは、与兵衛は一人ではなく、四人いたという新事実であった。初代与兵衛（則盛《のりもり》）から始まり、与兵衛（義《よし》知《とも》）、与兵衛（祥為）、与兵衛（祥錦）と四代続き、明治時代を迎えていた。近世期、熊澤家では代々与兵衛を名乗っていたのである。墓石から則盛は享和二年（一八〇二）に七三歳で没したことがわかり、熊澤家文書に残された最古の漆木の売買に関する史料が明和六年（一七六九）であることを考えると、ちょうど則盛が四〇歳前後ということになるため、史料の年代とも整合する。

さらに史料では「与兵衛」と「與兵衛」どちらも表記があり、筆者は新字体であるという理由から論文では「与兵衛」を使用していたが、

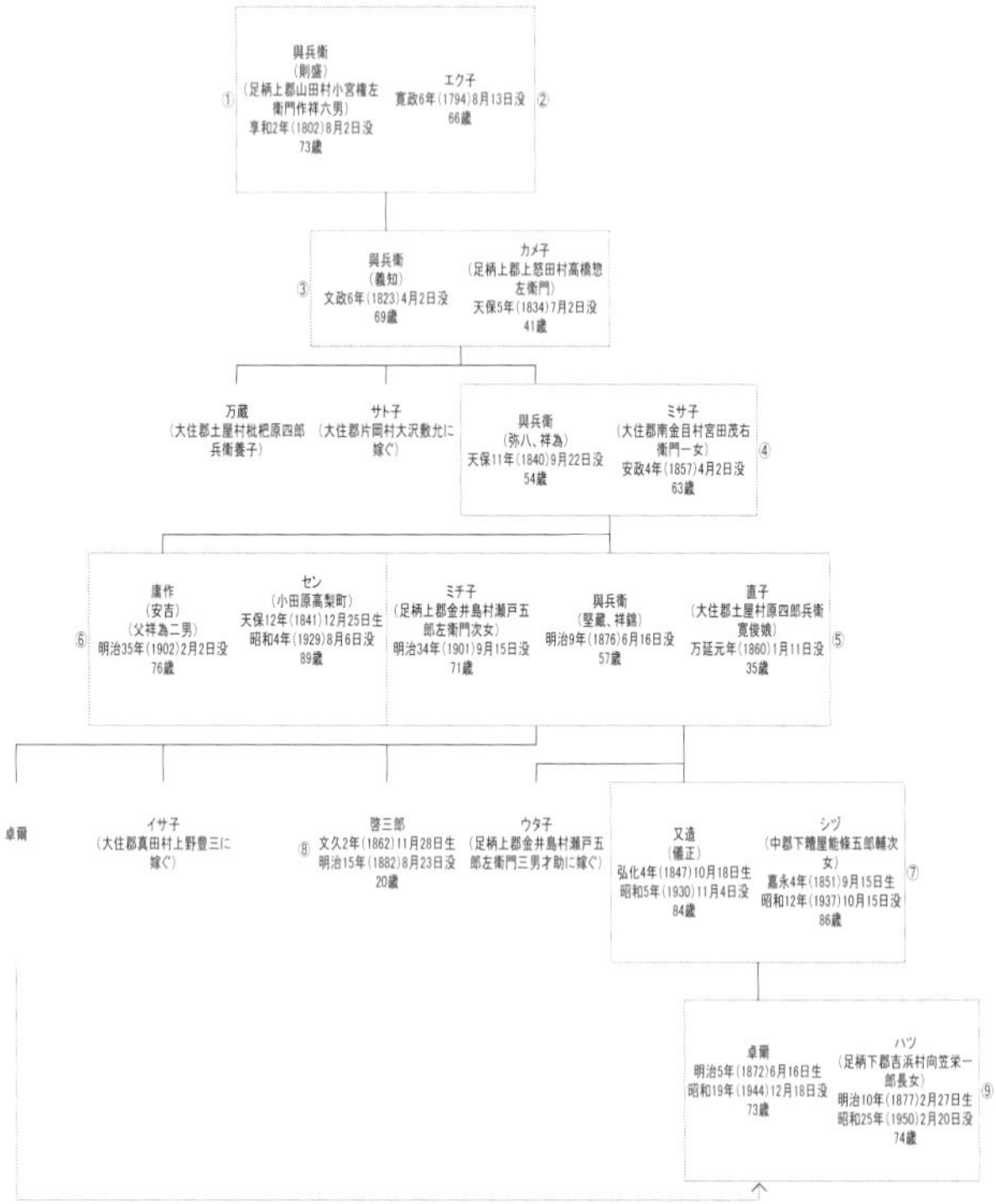

※与兵衛家のそれぞれの墓石を中心に、大畑 哲・佐々木 徹・石倉 光男・山口 匡一『山口左七郎と湘南社』（まほろば書房、1998 年）255 頁掲載の与兵衛家の系図、「（系図）」（熊澤壽人氏所蔵）をもとに作成。点線で囲んだ箇所は夫婦であることを示す。與兵衛（堅蔵、祥錦）は直子没後にミチ子をめとった。

【図 2】与兵衛家の系図

墓石の記載（【図1】の①、③、④、⑤）から判断すると、正式には「與兵衛」だったこともわかった（なお、以下でも煩雑さを避けるため「與兵衛」は、新字体の「与兵衛」とする）。周辺でもこれほど立派な墓石を建てて管理している家は少なく、いかに当時与兵衛家が漆商売で財を成していたかを物語っている。研究対象とする家や人物の墓地まで調査すると、そこには史料に記されていることのみではわからなかった世界が広がっていたのである。

【図3】巡拝供養塔

さらに、調べる中でいくつか興味深い墓石もあった。その一つが【図1】の③与兵衛（義知）の墓石である。この墓石の裏面には「光《こう》陰《いん》乃《の》襲《おそ》ふや　雲《くも》に　郭公《ほととぎす》」と刻まれ、義知が俳句を嗜《たしな》んだことをうかがわせる。彼は、寛政五年（一七九三）正月から九月にかけて霊場一八八か所巡拝を行い、その折に満願を記念して【図1】の⑩巡拝供養塔（【図3】）を建てた。その側面にも「梅か香になとひか《（惹）》れぬ　のり《（法）》の庭　植あけて　ほつと息つくゆめ哉《かな》」（「法の庭」とは仏法の修行などをおこなう場のこと）という句を残している。こうしたことからも、義知が俳諧に通じた人物であったことがうかがえる。

日本近世史研究者でも、自身の研究対象とする家や人物の墓地まで調べる機会は滅多にないと思うが、その必要性を痛感するできごとてもあった。

　なお、すでに歴史研究の側から関根達人《たつひと》氏は、古文書のみならず墓石や供養塔などの石造物は近世社会を理解する上で、重要な歴史資料の一つであることを提起されている（関根：二〇一八、二〇二〇）。今後関根氏の研究に学びつつ、過去帳なども紐解きながら、さらに深く与兵衛家の墓について検討を進めていきたい。

4　与兵衛のネットワーク

　改めて【図2】の系図を見てみよう。系図からは興味深い関係性が見えてくる。それは、与兵衛（祥為）の妹が相模国大住《おおすみ》郡片岡《かたおか》村（神奈川県平塚市）大沢家に嫁いだ縁から、与兵衛（祥錦）は片岡村大沢小才太《おおさわこさいた》、同国同郡真田《さなだ》村（同県同市）上野七兵衛《うえのしちべえ》（小才太の弟）、相模国足柄下郡湯本村（神奈川県箱根町）福住九蔵《ふくずみくぞう》（同）と従弟関係にあたり、彼は二宮尊徳《にのみやそんとく》を媒介とするネットワークに組み込まれていたということである。大沢小才太、上野七兵衛、福住九蔵ともに報徳仕法の実践者としてよく知られている。

　そこで、当時尊徳が記していた日記の記述を見てみると、祥錦が度々その中に登場することがわかった。この点も熊澤家文書からだけではけっして明らかにできなかった側面である。彼の名前が尊徳の日記に初めて出てくるのは、弘化二年（一八四五）一一月二八日である。弘化二年に三回、弘化三年に一四回、弘化四年に五回、嘉永元年（一八四八）に一回、祥錦は当時江戸にいた尊徳のもとを訪れている。おそらく彼もまた報徳仕法の実践者だったと考えられる。日記には他にも興味深い記述が見え、例えば、祥錦は弟の安吉を尊徳のもとで学ばせているが、安吉は「悪心《あくしん》を発《ほっ》し、欠落《かけおち》」してしまい、一か月弱行方がわからなくなってしまうという事件が起こった（その後、無事に居場所がわかり、安吉は尊徳のもとに戻ってきた）。また、日記には、祥錦の母ミサ子が日光参詣の折に、尊徳のもとを訪問した時の様子も書き留められ、与兵衛家は家族ぐるみで尊徳との関わりを持っていたようである。

一方、祥錦はわざわざ尊徳に会うために柳川村から江戸に赴いていたかというと、そうではなかった。実は祥錦には頻繁に江戸へ赴かなければならない理由があった。例えば、弘化三年五月七日の記述には「商用《しょうよう》にて堀江《ほりえ》町辺《ちょうあたり》に止宿《ししゅく》」とある。他の箇所でも、「買用」や「私用」で度々堀江町を訪れている。熊澤家文書には、漆問屋越前屋清次郎から与兵衛に送られた漆液の仕切書が残されている。そして、この越前屋が店を構えていた場所こそ堀江町二丁目であった（【図4】参照）。祥錦は堀江町で漆液の販売に関する商談を行っていたものと推察できる。このように祥錦は漆商売の「ついで」に尊徳のもとを訪れ、交流を深めていたと考えられる。

この他、祥錦は相模国足柄上郡金井島村《かないしま》（神奈川県開成町）瀬戸五郎左衛門《ごろうざえもん》の娘をめとっており、その関係で同県同郡金子村（神奈川県大井町）間宮若三郎《まみやわかさぶろう》（妻が祥錦の妻の妹）は義弟、相模国大住

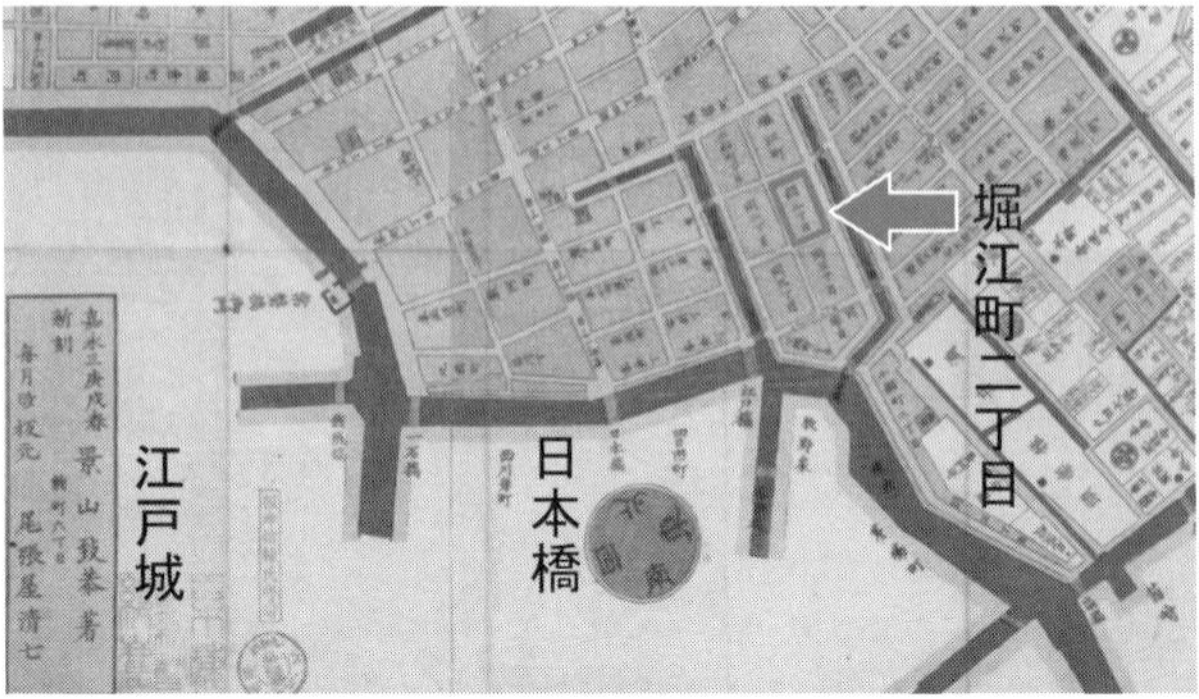

【図４】江戸堀江町付近［「〔江戸切絵図〕日本橋北神田浜町絵図」（国立国会図書館所蔵、デジタルコレクションを利用）］

郡上糟屋《かみかすや》村（神奈川県伊勢原《いせはら》市）山口《やまぐち》左七郎《さしちろう》（金子村若三郎の子）は実質的に甥にあたることがわかった。彼らは地域の名望家層となるが、このように与兵衛家は縁戚関係による広範なネットワークを築いていたことが判明したのである。

5　さらに深めるために

墓地の調査に加えて、地元の方のご尽力により、与兵衛家は、屋敷隣の熊澤家〔屋号中（ナカ）、近世後期には代々「川右衛門《かわえもん》」を名乗り、名主も務めた。以下、川右衛門家〕からの分家であることもわかった。与兵衛家の墓地の隣には、川右衛門家の墓地があり、筆者が見たところでは戦国期ではないかと思われる五輪塔《ごりんとう》群も存在する。

さらに、川右衛門家で聞き取り調査を行ったところ、やはり与兵衛家については、現当主の熊澤壽人《ひさと》氏がもっとも詳しいであろうことなどを教えていただいた。そこ

【図5】与兵衛家の鳥瞰図（熊澤壽人氏所蔵）

で、壽人氏と連絡をとり、お話をうかがう機会を得た。壽人氏は近代に作成された与兵衛家の鳥瞰図（【図5】）をお持ちで、この史料からは与兵衛家の往時の栄華が想像できる。鳥瞰図では、奥に川右衛門家、手前に与兵衛家が描かれている。与兵衛家では多くの奉公人を雇っていたことがわかっているが、何人かの人物が働いている様子も見られる。また、現在と同じように屋敷脇の丘陵部には数基の墓石が見える。

加えて、壽人氏のご厚意により、与兵衛家に今も唯一残る蔵の調査をさせていただいた。そこで、近代になって上秦野村二・五代目村長を務めた又造に関する大量の資料等を発見した。新たに発見した資料の中には、又造が与兵衛家の家伝についてまとめた「家政記《かせいき》」という史料もあった。そこには与兵衛（祥為）が「大久保《おおくぼ》侯《こう》御《ご》金《きん》御用達《ごようたし》ヲ拝命《はいめい》

【図６】小蓑毛の石鳥居

五人扶持《ごにんぶち》ヲ受ケ候《そうろう》、御役所《おやくしょ》ニ国産漆販売付《こくさんうるしはんばいつけ》御役儀人《おやくぎにん》ト商人トノ間《あいだ》、営業《えいぎょう》調和《ちょうわ》方有之依《かたこれあるにより》テ御役所国産漆販売取扱《おやくしょこくさんうるしはんばいとりあつかい》ノ仰《おお》セ在拝受《ありはいじゅ》、製産額年々千《せいさんがくねんねんせん》五六樽《ごろくたる》ヲ江戸亦《または》大坂等《など》ニ販売、（中略）賞詞《しょうし》受其証章《うけそのしょうしょ》ハ今家《いまいえ》ニ存《ぞん》ス」とある。与兵衛はこの時期柳川村を管轄した小田原藩（藩主は大久保家）から御用達に命じられ、五人扶持を与えられるほどの待遇で、藩内の特産物の生産や流通を管理した国産方《こくさんがた》役所主導の漆液の販売にも従事していたのである。その頃の生産額は年に千五・六樽で、江戸や大坂に販売していたという。与兵衛は、賞詞を受け、その証書が家に残っているということであるから、今後の調査で見つかるかもしれない。壽人氏は、与兵衛が度々馬で小田原城下に通っていたという言い伝えも聞いたことがあるという。この史料の記述は、壽人氏が先祖から伝承した事柄が確からしいことを物語っている。

また、壽人氏のご教示により、与兵衛は秦野市小蓑毛《こみのげ》にある大山阿夫利《おおやまあふり》神社の石鳥居（【図６】）の寄附者にも川右衛

【図7】鳥居に記された与兵衛の名前

門らとともに名を連ねていることがわかった（【図7】）。今後さらに、地域に残る石造物などから与兵衛の活動を物語る資料が出てくるかもしれない。

6　おわりに

こうした多角的なアプローチにより、これ以上進展することがないかに思えた研究が一層深まりを見せはじめている。今後、今回の調査で新たに発見された資料を地元自治体等と連携し整理を進め、新たな史実の解明に挑みたい。

なお、一一月の講演会ではこれまた予期しないできごとがあった。柳川地区の隣の菖蒲《しょうぶ》地区在住の聴衆の一人が、講演会終了後おもむろに一通の古文書を取り出して見せてくれたのである。その古文書は『秦野市史』にも掲載されていない文書で、慶応二年（一八六六）に菖蒲村名主格《なぬしかく》の勘《かん》蔵《ぞう》が小田原藩役人の近藤主馬《しゅめ》他二名から「国産方漆取立《こくさんがたうるしとりたて》之儀《のぎ》」「骨折《ほねおり》」のため脇指を免許されるという内容だった。

勘蔵が小田原藩の国産方役所主導の漆液の販売に関わっていたことも全く知られていない史実であった。

地域にはまだまだ未知の資料や伝承が眠っている。研究者たる者、地域に密着した地道な資料調査を続けていかなければならない。そう思いを新たにすることができた一連のできごとであった。

参考文献

・桐生海正「近世相模国柳川村周辺における漆液の生産と流通」（『郷土神奈川』第五六号、二〇一八年）
・桐生海正「漆と炭の流通から近世社会を読み解く」（ＮＨＫ通信『古文書通信』第一二七号、二〇二一年）
・『史料館所蔵史料目録　第八集』（史料館、一九六〇年）
・『語り部運動資料集Ⅲ』（秦野市老人クラブ連合会、一九九〇年）
・関根達人『墓石が語る江戸時代―大名・庶民の墓事情―』（吉川弘文館、二〇一八年）
・関根達人『石に刻まれた江戸時代―無縁・遊女・北前船―』（吉川弘文館、二〇二〇年）
・『二宮尊徳全集　第四巻　日記』（二宮尊徳偉業宣揚會、一九二八年）
・『秦野市史民俗調査報告書３　漂泊と定住・御師の村』（秦野市、一九八四年）

10 牧士とは何者か

史料から地域経済・自然環境を読む

高木謙一

対象地域

千葉

1 江戸時代の牧

千葉県の房総《ぼうそう》地方には、江戸時代に小金《こがね》牧・佐倉《さくら》牧・嶺岡《みねおか》牧と呼ばれる広大な幕府直営の牧場《まきば》があった（図1）。かつての「牧《まき》」は、主に幕府の軍馬を供給するために設けられた場所であり、現代のような柵で囲み、牛や羊などの家畜を経営する牧場《ぼくじょう》とは異なる。設営された場所は、田畑の耕作ができないような台地や丘陵を利用し、地目としては山林・原野に多く部類していた。

本稿では、この牧を管理する「牧士《もくし》」の家に残された史料から、周辺村落の生活環境や経済的な利用の実態について考えてみたい。まず本節では、江戸時代における「牧」の概要について支配体制の変遷を中心に述べていく。

当時、馬の飼育は放牧による自然繁殖に任せていたため、計画的とは言い難いものであった。環境としては、牧と周辺に所在する村々との境界線が、土手や樹木などで仕切る程度であったため、野生の馬と村民とが非常に近い距離感で暮らしていた状況であった。そのため、馬が牧外（村内）

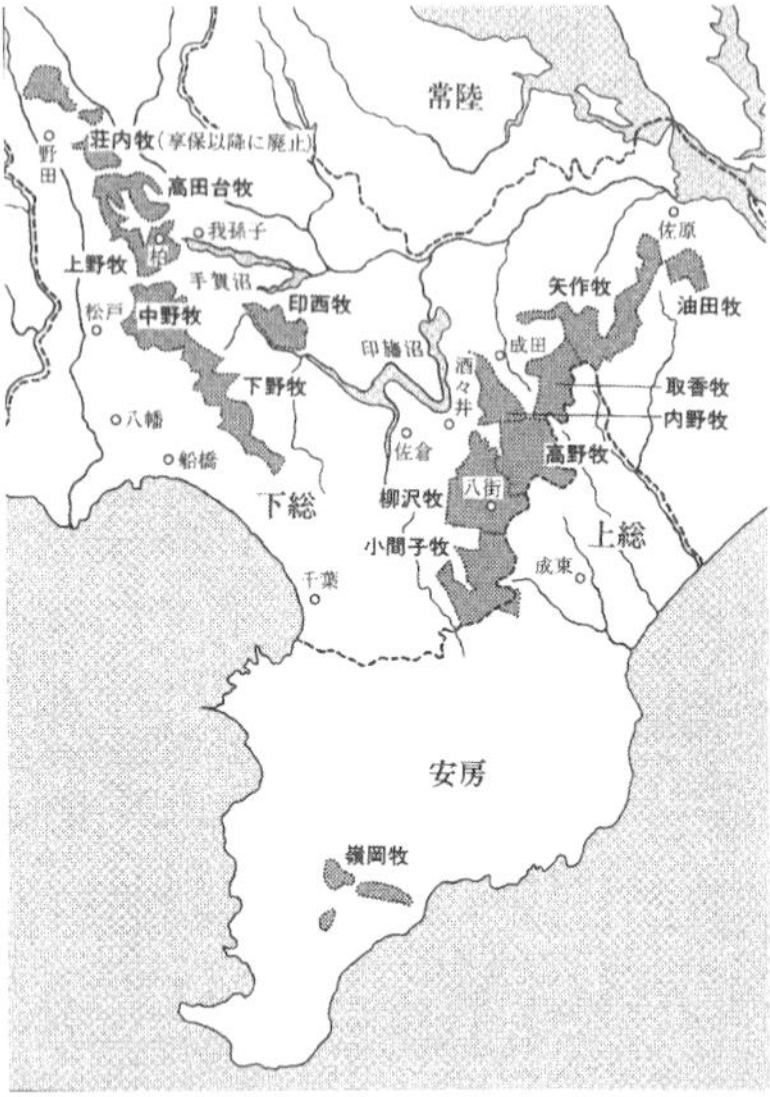

【図1】江戸時代の牧分布図
久留島浩編『支配をささえる人々』(吉川弘文館、2000年)、137頁の図を引用。

へ入り込んだり、村民が御用牧へ侵入したりすることは日常的に発生し、しばしば問題となっていた。

幕府から禁じられているにも関わらず、なぜ村民は牧へ侵入したのだろうか。それは、牧内や境界付近に群生する草木が、村方においても飼料や肥料として重要な資源であり、秣場《まぐさば》(採草地)としての機能を期待していたからである。牧と耕作地の境界が曖昧であるがゆえ、村民はたびたび牧内に侵入して秣を採取し、苗木の植栽を行い、さらには隠田畑《かくしでんぱた》を耕作することさえあったのである。

享保期(一七一六～三六)に入り、幕府はこのような状況を解消すべく、牧周辺の開発可能な山林・原野をはじめ、牧との境界付近や牧内に苗木を植え付けていた場所の調査を行った。この調査を担った幕府代官の小宮山《こみやま》(杢進《もくのしん》)昌世《まさよ》は、享保一一年に定められた新田検地条目にもとづき、村民によって植林されていた箇所を新田（林畑《はやしばた》）として検地を行い、生産高を把握して年貢の賦課を実施したのである。しかし、開発された新田の多くは、無民家で本村に属する小規模な「持添《もちぞえ》新田」であったため、下総台地の多くの村に数石から数十石程度の幕府領が散在するという結果を招いた。

その後、寛政期（一七八九～一八〇一）になると、牧の支配体制が老中から若年寄へと移管された。それにともない、佐倉藩預かりの内野《うちの》牧・高野《こうや》牧・柳沢《やなぎさわ》牧（いずれも佐倉牧のうち）以外はすべて小納戸頭取《こなんどとうどり》の支配下に置かれた。そして、この総支配の役職に就いたのは、岩本《いわもと》（石見守《いわみのかみ》）正倫《まさとも》という人物であった。

岩本正倫の業績は、嶺岡牧で産出した白牛酪《はくぎゅうらく》（チーズ・バターの類）を滋養強壮・解熱の薬として徳川家斉に献上し、製造・販売の許可を得たことが広く知られている。しかし、それだけではなく、岩本はそれまでの慣習を改めて新しい方策を取り入れた。例えば、牧の管理・運営を担う牧士の給金や野馬《のま》購入のための貸付金、牧内の土手普請の費用などを一手に引き受けて収支の取り扱いを一本化し、役人の見廻りなどを取り止めることで経費の削減を行っている。

さらに、岩本正倫は牧内の樹木の間伐・植林にも着手した。牧内に成育する樹木は野馬の寒暑凌ぎとして重要であったが、枯れ木は見分してから間伐させ、それを薪炭として売却することを推進したのである。また、生長が見込めないような古木が多く、新芽が出ないような場所には新たに苗木を植え付け、野馬の逃亡を防ぐだけでなく百姓に対する救済措置、「御救《おすくい》」としても利用できるように試みたのであった。

このように、江戸幕府の軍用馬の供給を主目的としていた牧は、寛政期の岩本正倫の新たな試みにより、薪炭を中心とした経済的な側面が積極的に推進されるようになったのである。

2　牧を管理する役人

続いて、本節では牧の現地管理者であった「牧士」について史料を通して見ていきたい。牧士は、身分こそ一人扶持《ぶち》（主君から家臣に給与した俸禄。幕府の場合は下級の旗本・御家人、諸藩の場合も下級藩士に多く、一人一日五合（約〇・九リットル）を標準に一年間分を支給するのを一人扶持と呼んだ）や二人扶持という低いものであったが、苗字帯刀、乗馬や鉄砲の所持を許されたれっきとした武士であった。当初より牧士として就任したのは、戦国大名千葉氏以来の「馬方巧者《うまかたこうしゃ》」と呼ばれる家柄の人間であり、野馬捕り（捕馬とも。牧場に放し飼いになっている馬を、捕込《とっこめ》と称する土手囲いの中に追い入れて捕らえること。捕らえた馬のうち、優良な馬は江戸へ送り、その他は民間に払い下げられた）の指揮や病馬・斃馬の処置などを監督する職務を担った。しかし、次第に牧の近辺に居住する有力農民からも選出されるようになり、普段は農業に従事し、支配者に対しては年貢や諸役を負担していたことが、近年明らかとなってきている。例えば、「林政」に長けた能力を有していた印旛郡《いんばぐん》富塚村《とみつか》（現千葉県白井市）の名主川上右仲や同郡岩富村《いわとみ》（現千葉県佐倉市）の桧垣重右衛門ら「地方《じかた》巧者」（地方支配の中でも特に農政に精通した官僚や人物を称す）と呼ばれる人物がそれに該当する。

さて、ここで牧士について具体的に知ることができる史料群を二つ紹介したい。一つは、千葉県酒々井町《しすい》に伝来する島田長右衛門家文書（同町指定文化財）であり、『酒々井町史』史料集二〜四（佐倉牧関係一〜三）に収録されている（図2）。もう一つは、同県富里市《とみさと》の旧藤崎牧士史料館収蔵品、藤崎源之助家文書であり、『富里村史』史料編一などに収録される。これらの史料群の共通点としては、牧士が在職中に書き留めた「御用日記」・「御用留」が残されており、牧士の業務を系統的に把握することができる貴重な情報源となっている。ここでは、「御用日記」・「御用留」の史料的性格を述べていき、その中でいくつか内容について紹介する。

まず、島田家と藤崎家についてもう少し説明を加えておきたい。島田長右衛門家文書の「佐倉牧場起元書抜」（『酒々井町史』）によれば、慶長一九年（一六一四）に島田長右衛門・藤崎大学・佐瀬刑部・綿貫右馬介の四名が牧士に任命されたとある。それから時代は下り、寛政期に入ると居住地に近い牧が受け持ち区域となり、島田家は取香牧《とっこう》（現千葉県成田市周辺）、藤崎家は矢作牧《やはぎ》（現同市・佐原市周辺）を担当するようになった。

島田長右衛門家は、徳川家康の代より世襲して牧士を務めてきた家柄で、佐倉牧士の組頭を担い、小金役所の綿貫夏右衛門または江戸野馬役所からの指示を受け、命令を伝達する窓口となって

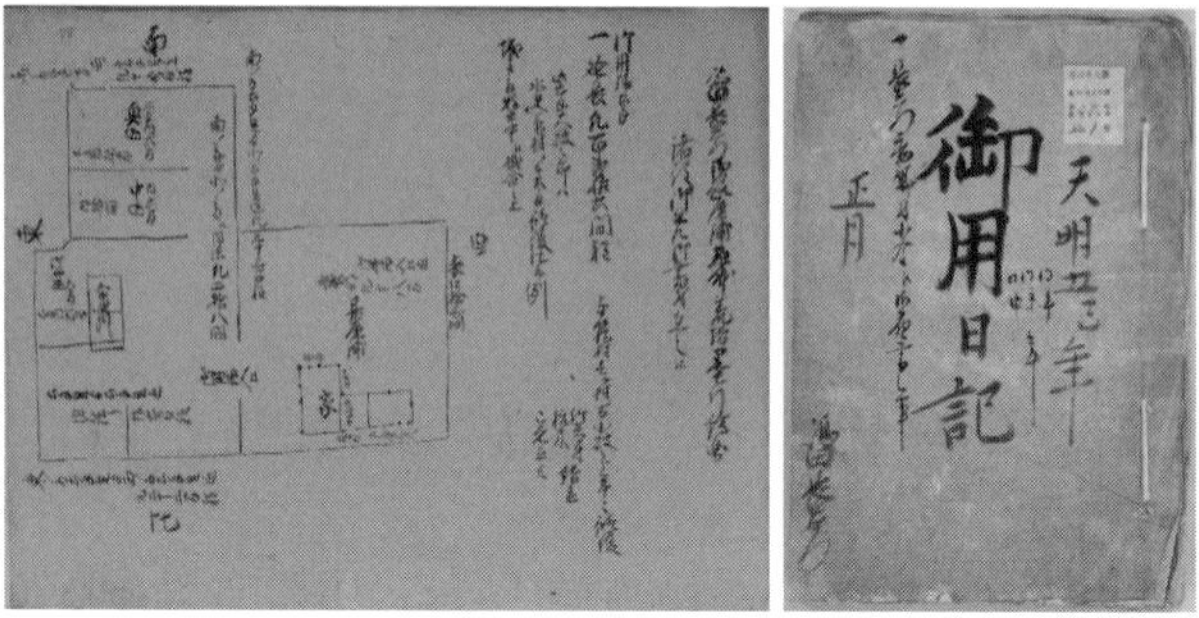

【図２】右：島田家文書　天明五年　御用日記、左：寛政五年　丑年御用日記「嶋田長右衛門御役屋鋪惣体荒増墨引絵図」の部分（酒々井町教育委員会所蔵）

いた。一方、藤崎大学家は、弟の主水が半右衛門家として代々世襲していった。八代目半右衛門（多助）は、文政四年（一八二一）に牧士に就くが、天保一二年（一八四一）に島田長右衛門が「不埒《ふらち》之取計方《とりはからいかた》有之《これある》ニ付」という理由で罷免《ひめん》となったため、翌年組頭に就くことになる。また、寛政七年には、藤崎半右衛門の甥にあたる勝左衛門家が成立した。その二代目勝左衛門（団次）は、文化八年（一八一一）に野先見習、天保六年牧士見習を経て、同八年に牧士となり、同一三年に組頭介、安政六年（一八五九）に組頭となった。牧士は代々世襲制により職務が引き継がれていたが、寛政期の牧改革以降、病気や死亡などで欠員が生じた場合においても、速やかに交代できる体制が整えられたのであった。

　このような背景から、島田家の「御用日記」は天保一一年で一度中断することになり、天保一三年からは藤崎家に業務日誌の作成が引き継がれた。但し、島田家は組頭を罷免されたものの牧士としての家職を失することなく、弘化三年（一八四六）に「御用留」の作成を再開している。嘉永六年（一八五三）には佐瀬長左衛門の跡として、佐倉牧士組頭介を申し渡された文書が確認される。以降、「御用留」のような多岐にわたる業務が記されているわけではないが、弘化四年から慶応三年（一八六七）までの間、野馬捕りに関する部分を抽出した日記が作成されるようになった。

続いて、牧士の役割について述べていく。これまで、牧士の職務は野馬捕りや土手普請、野馬の飲料水を供給する呑井の浚い、野犬防ぎの設置といった馬産に関わるものが注目されてきた。なかでも重要な業務の一つとして、五・六月頃に日数一〇日程かけて行われる「夏見廻り」があげられる。具体的な内容としては、野馬の生育状況の視察や牧周辺の「野付村」からの請願に対する実地見分、土手普請の調査、御伐払木の確認、植林した場所の確認など多岐にわたる。先述した牧に対する需要・供給の変化にともない、野火防ぎ、植足・植替、伐採、払い下げ（入札・村方引請）といった林産に関わるものが次第に追加されていったのである。

佐倉牧内で間伐された樹木が村方へ払い下げられるようになったのは、文政期（一八一八〜三〇）以降であったが、その成果が顕著となったのは、苗木が生育したと見られる天保期（一八三〇〜四四）以降であった。例えば、図３の史料は弘化三年五月に油田牧《あぶらだ》（現千葉県佐原市・香取市周辺）の土手や捕込の実生松《みしょう》・雑木が、牧周辺の村々へ払い下げられた際の一例である。

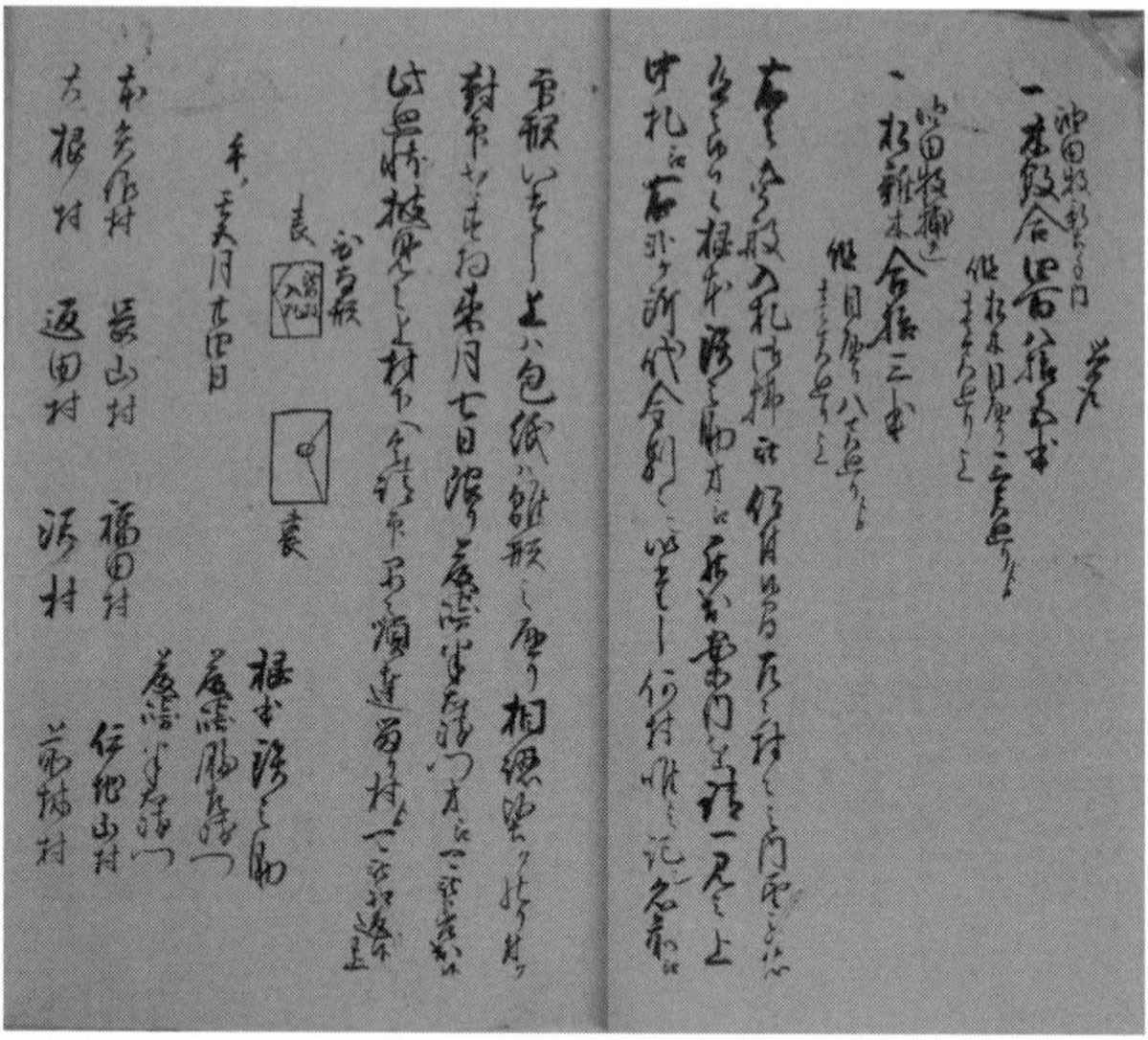

【図3】藤崎家文書　弘化三午御用留　「油田牧実生木入札御払」の部分
(富里市教育委員会所蔵)

覚《おぼえ》
*油田牧《あぶらだまき》新土手内《しんどてない》
一木数《きかず》合《あわせて》四百八拾五本《よんひゃくはちじゅうごほん》
但《ただし》松木《まつき》目通《めどお》り三尺廻《さんしゃくまわ》りゟ壱尺廻《よりいっしゃくまわ》り迄《まで》
油田牧捕込《あぶらだまきとっこめ》
一松雑木《まつぞうき》合《あわせて》拾三本《じゅうさんぼん》
但《ただし》目通《めどお》り八尺廻《はっしゃくまわ》りゟ壱尺廻《よりいっしゃくまわ》り迄

右《みぎ》者《は》今般《こんぱん》入札《いれふだ》御《お》払《はらい》被仰付候間《おおせつけられそうろうあいだ》、左《ひだり》之《の》村々《むらむら》之《の》内《うち》望《のぞみ》之《の》者有之候《ものこれありそうら》ハヽ《はば》、根本《ねもと》鉄之助方江《てつのすけかたへ》罷出《まかりいで》案内《あんない》を請《うけ》、一見之上《いっけんのうえ》中札江《なかふだへ》右《みぎ》弐《に》ケ《か》所代金別々《しょだいきんべつべつ》ニいたし、何《なに》村誰《むらだれ》と記《しる》シ名前江《なまえへ》印形《いんぎょう》いたし、上《うえ》ハ包《つつみ》紙《がみ》ハ雛形《ひながた》之通《のとお》り相認《あいしたため》、堅《かた》クのり付《つ》ケ封印《ふういん》をすえ、来月七日《らいげつなのか》限《かぎ》り藤崎半右《ふじさきはんえ》衛門方江《もんかたへ》可被差出候《さしだされべくそうろう》、此廻状《このかいじょう》披見《ひけん》之《の》上《うえ》村下《むらした》へ令請印《うけいんせしめ》、早々順達留《そうそうじゅんたつとま》り村ゟ《むらより》可被相返候《あいかえされべくそうろう》、已上《いじょう》（年月日、差出人、宛所略）　＊なお、油田牧の読み方は史跡名を参照とした。

希望者は、代金とは別に何村・誰と記し印形を捺印して、図示された「ひな（雛）形」の通りに入札をすることが定められていた。こうした手順を経て、周辺村々は薪炭の元手となる林産資源を獲得し、主に年貢上納の代用としていたのであった。つまり、結果的に幕府あるいは藩財政へと還元される仕組みとなっていたのである。このような牧周辺における間伐と払い下げは、幕府が瓦壊し、牧が廃止されても継続して行われていた。

その後、参謀本部測量課によって作成された明治一三年以降の軍用調査記録である「迅速測図《じんそくそくず》」をもとに、当時の下総台地西部の土地利用をみると、小金牧から佐倉牧にかけて帯状に松林が広く分布していたことがわかる。さらに、同じく兵要地誌『偵察録』によれば、同地帯六五〇余村のうち、約二割にあたる一五〇村で薪炭を生産していたことが確認できる。この現象は、寛政期における幕府の植林政策が、下総台地西部の自然環境を変化させ、人々の生業や暮らしに大きな変容をもたらしたことを示している。

それでは、地域住民の経済を支える牧において、牧士は管理者としての役割以外にどのようなことを担い、どのような存在だったのだろうか。

3　牧士とは何者か

牧周辺に所在していた村々の史料を調査していくと、江戸後期以降に収受された多量の証文類が発見される場合がある。本節ではこの背景について、牧利用の変容をふまえて考察を述べていきたい。

牧周辺の村々による林産資源への需要は、単に地上に生える樹木だけでなく、それをも含めた地面（土地）自体にも価値を見出すようになっていく。藤崎家文書の中には、世代交代時に引き継がれる土地、田畑や山林を書き上げた「取添帳」という史料が残されている。「取添帳」は全五冊あるが、以前筆者は文化三年（一八〇六）二月「二代目藤崎勝左衛門斯才房取添（写）」と、天保七年（一八三六）「三代藤崎勝左衛門斯才取添　写」の二冊を分析したことがあるので、それについて紹介していきたい。

まず、帳面に掲載された土地の所在分布は、藤崎家が所在する印旛郡久能《くのう》村（現千葉県富里市）およびその周辺に限らず、取香牧や内野牧、高野牧、矢作牧の周辺村々まで広がっており、文化元年から安政四年（一八五七）までの五四年間で四六二筆の土地が収録されていた。それらを地目別に分類すると、山林地に関するものが三七六件と最も多く、樹種では松が突出していた。また、村別に分けると、埴生《はぶ》郡駒井野村（現千葉県成田市）、久能村、印旛郡伊篠《いじの》村（現千葉県酒々井町）の順に多く確認された。

この結果を踏まえて、さらに現存する土地の売買証文のうち、駒井野村の一〇四件（一六一筆）のみを抽出して分析を試みた。そうしたところ、売買が行われなかった年もあるが天保七年から慶応二年（一八六六）まで概ね普遍的にみられ、弘化元年に最も件数が多いことが確認された。このうち、例えば「売渡申山証文之事」のような標題が付けられた「山証文」が五六通と半数にもおよび、「入置申質地証文之事」のような質地証文や「借用申金子証文之事」のような借金証文でも、山林地を含むものが混在していた。なお、「山証文」の但し書きには、松や楢、椚、雑木などといった樹種と植え付けてからの年数「何年木」が記されていることが多くみられた。山林地は「年季山」として一定年月を限って売り渡すのではなく、「永々御支配」や「永々御所持」とするような「永代売り」が採用されていた。無論山林地であるがゆえ、田畑永代売買の禁に触れることにはならないため、駒井野村のような比較的山林地の占有率が高い村では、これらを積極的に売り渡すことで年貢上納の代用とし、村としての責務を果たしていたことがうかがえる。

ところで何故、藤崎家がこのような土地集積を行っていたのだろうか。明治期以降、藤崎家は呉服や酒造、万銅鉄物に関する商売を行っていたことが確認できるが、集積した土地、特に林産資源を以て経済活動を転じている史料は、管見の限り見つけられていない。

しかし、その後も調査を進めていくと、新たにいくつかの史料を発見できた。例えば、村方が山林地を手放した後であっても、藤崎家に対して山銭（野銭と同義。農民の野山利用による収益に課せられた税）を上納して落葉浚いを行うことが認められている事例や、売主が病身であることを理由に、流地となっているにも関わらず同じ土地を担保に「涙金」という形で融資を得ている事例が確認された。つまり、たとえ「永代売り」をしても、買得者と元地主との関係性は失われることはなく、失った土地を担保に救済的措置として融資が赦される場合も見受けられるのである。これはいわば「無年季的質地請戻し」（元金さえ返金すれば、質流れ後も土地の権利を請け戻すことができる慣行）のような、近世特有の地域における相互扶助的な慣行としてみることができよう。

近世後期から幕末にかけて頻発した山林地の売買は、牧士の立場やネットワークを前提に、また藤崎家の経済力を活かして地域経済を循環させ、牧周辺の村落経営を維持するために重要な経済活動であったと考えられる。牧士は村々を救済することが牧経営の一助となり、自らの責務を遵守するための方策と目論んでいたのではないだろうか。その姿は、まさしく当該地域におけるリーダー的な存在であったということができよう。

参考文献
・久留島浩編『支配をささえる人々』（吉川弘文館、二〇〇〇年）
・天下井恵「佐倉炭創始者川上右仲」（白井市郷土史の機関誌『たいわ』一五号、一九九八年）
・白井豊「下総台地西部の牧とその周辺における薪炭林化」（『歴史地理学』一二三号、二〇〇七年）
・土屋雅人「近世後期における佐倉炭の生産と流通―旗本戸田氏知行所の御林を事例に―」（『千葉史学』

第七三号、二〇一八年）
・高木謙一「近世佐倉牧周辺村々における林産資源の管理と利用」（徳川林政史研究所『研究紀要』四九号、二〇一五年）
・高木謙一「近世後期佐倉牧周辺における御林の管理と百姓林の利用」（『関東近世史研究』第九〇号、二〇二二年）

第4部　それでもしたたかに生きていく

11

誰の目線で地方史をみるか

伊達政宗を翻弄した大内定綱

佐藤貴浩

対象地域
福島

　本書を手に取った方で、伊達政宗を知らない人はほとんどいないだろう。政宗は、戦国時代末期の永禄《えいろく》一〇年（一五六七）に生まれ、南奥《なんおう》（現在の福島県と宮城県南部）の諸勢力を翻弄し、破竹の勢いで同地域を制覇した。一般的に、南奥の戦国史は、政宗の視点で語られることが多い。そのような政宗を、逆に翻弄した大内定綱《おおうちさだつな》という戦国武将がいる。彼は、戦国時代が好きな方には比較的有名かもしれないが、全国的知名度はほとんどないと言ってよいだろう。

　当時の南奥は、伊達・蘆名《あしな》の二大勢力を中心に、相馬《そうま》・岩城《いわき》・田村・石川・白川氏など一郡から数郡規模の支配地を持つ勢力がひしめいていた。その中で、大内氏は安達郡《あだちぐん》の塩松《しおのまつ》地方（現福島県二本松市）という半郡程度の支配領域しかもたない存在であり、有力大名である伊達氏とは比較にならないほどの弱小勢力だった。そのような大内氏の当主である大内定綱という人物が、いかにして伊達政宗を翻弄したのか、それを紹介しよう。

1　大内定綱の売り込み

天正《てんしょう》一三年（一五八五）八月二四日、大内定綱が立てこもる小手森城《おでもりじょう》（現福島県二本松市）が伊達政宗に攻撃された。定綱救援のため蘆名氏から援軍も来ていたが、定綱は小手森城を脱出し逃亡した。しかし、政宗は攻撃の手を緩めず、二七日に小手森城で凄惨な撫《な》で斬りが行われた。撫で斬りというのは、敵対する者を皆殺しにすることで、政宗は自身の書状で「女・子供は言うまでもないが、犬までも皆殺しにさせたので、一一〇〇人ほどを切らせた」と述べている（『仙台市史　伊達政宗文書』二一号　※以下『仙』と略す）。その後、塩松地方は政宗によって制圧され、大内氏による支配は終わりを告げた。

定綱は蘆名氏のもとへ逃亡した。蘆名氏から宿老《しゅくろう》として遇するという提案があったらしい。しかし、その約束は果たされなかったようで、「餓死」しそうなほどに窮したという（『伊達日記』）。普通なら、定綱はこのまま歴史から消えていっただろう。

しかし、ここからが定綱のすごいところである。なんと、所領を失ってからわずか二年ほど、しかも蘆名氏のもとにいながら定綱は政宗に臣従する意向を示したのである。自身の所領を奪っただけでなく、凄惨な撫で斬りまでした、まさに仇敵ともいえる政宗に対してである。

天正一六年二月二一日付で定綱は政宗の側近の高野親兼《たかのちかかね》に宛ててつぎの書状を送る。

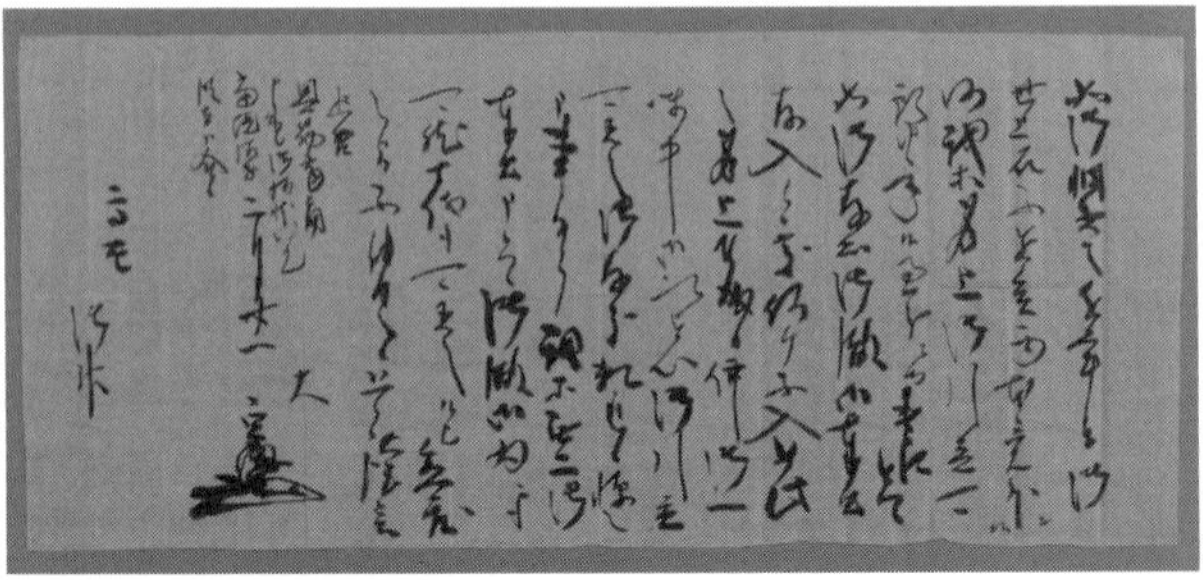

史料1　仙台市博物館提供

史料一　大内定綱書状（伊達家文書）

【原文】

如御悃書之、近年者御世上故、不遂会面、本意外ニ候、仍我等身上、御引立可預由承候、過分ニ候、貴所先々如御存知、御舘御奉公存入候処、何ケ不入如此之身上罷成候、併御一味中、御次を以、御引立可有之御存分頼迄候、憚之中事なから、我等無二御奉公申候ハヽ、御舘御為ニも、可然御儀も可有之候歟、急度之間不能具候、恐々謹言、

大

二月廿一（日脱）　定綱（花押）

高壱（高野親兼）

御報

（追而書略）

【読み下し】

御悃《ごこん》（懇）書《しょ》のごとく、近年は御世上ゆえ、会面を遂げず、本《ほ》意《い》の外に候《そうろう》、よって我等身上、御引立に預かるべき由承り候、

過分に候、貴所先々御存知のごとく、御館《やかた》御奉公存じ入り候ところ、何かいらずかくのごとくの身上にまかりなり候、しかしながら御一味中、御次をもって、御引立これあるべき御存分頼むまでに候、憚《はばか》りの申し事ながら、我等無二御奉公申し候はば、御館御為にも然《しか》るべき御儀もこれあるべく候か、急度《きっと》の間具《つぶさ》あたわず候、恐々謹言《きょうきょうきんげん》

【現代語訳】

御悃書のとおり、近年は御世上のため、対面できず、本意ではありません。私の身上を御引き立てに預かるということを承りました。過分のいたりです。あなたは以前から御存知の通り、（私は）御館（伊達政宗）に御奉公しようと思っていたところ、よくわからずこのような身上になってしまいました。しかしながら、皆様の御取次ぎをもって御引き立ていただくという（あなたの）御考えにお頼みするまでです。はばかりのある申しようですが、私が無二にご奉公したならば、御館の御為にもいいこともあるでしょう。急ぎのため詳細は書きません。

当然、書状の内容は、政宗の知るところとなる。それにもかかわらず、「私が無二にご奉公したならば、御館の御為にもいいこともあるでしょう」といった趣旨が述べられている。本人も「憚りの申し事」と言っているとおり、これから政宗に服属しようという人物が述べるような内容ではないだろう。「餓死」に及びそうだと言われた定綱の、いったいどこからこれほどの自信がわい

てくるのだろうか。

さらに関連する二通の文書を紹介しよう（原文省略）。

史料二　大内定綱書状（伊達家文書）

【読み下し文】

御舘より直書、過分の由任せ入り候、殊に地（知）行御書付披見《ひけん》申し候、書中にはいかがに候まま、彼の者に細かに申し候、よくよく御たつね、御聞き届け候て御披露尤《もっとも》に候、急度の間、恐々謹言、

三月十八日　大　定綱（花押）

高壱（高野親兼）　参

返すがえす申し候、御世上種々申めくり候、いかやうにこれあるべく候哉、尤も御塩味《えんみ》の上、重ねて承るべく候、

【現代語訳】

御舘より直書をいただき、過分の至りであるとお伝えください。特に知行の御書付を拝見し

ました。書中に記すのはいかがなものかと思うので、使者に細かく申しました。よくよく御尋ねになり、御聞き届けいただき、御披露ください。

返す返す申します。御世上種々うわさがめぐっています。どのような状況でしょうか。御考慮の上、重ねて御示しください。

史料三　大内定綱書状（伊達家文書）

【読み下し文】

御書札披見し奉り候、殊に前々のごとく、我等引き出さるべきの由御意、なお地行（知）御書付過分ニ候、かれこれ存知の儀ども、高壱（高野親兼）申し上げられ候、御塩味をもって、重ねて仰せ下さるべく候、かくのごとく御自筆をもって御意の上は、いささかも御疑心申す儀これなく候、巨《こ》細《さい》の段は、御披露御吉事〱、恐（々脱カ）謹言、

大

三月十八日　定綱

米へ（米沢＝伊達政宗）

貴報人々御申候

【現代語訳】

御手紙拝見しました。ことに前々のとおり、私を御引き立てくださるという御意、知行の御書付、過分のいたりです。（私が）あれこれ思っていることを高野親兼が申し上げられたでしょう。御考慮いただき、あらためて仰せ下さるよう御願いします。このように御自筆をもって御意を得たからには、すこしも御疑心はありません。

史料一で高野親兼を通して定綱から服属の意を伝えられた政宗は、三月一〇日に定綱に直筆の文書を与え知行を与える約束をしている。しかし、定綱はその内容に不満があり、史料二を高野親兼に対して送り、文字にはしにくいので、使者に内容を話したと伝え、その内容を政宗に披露するように頼んでいる。一方で政宗にも史料三を送り、親兼から話を聞いて、再度文書を出して欲しいと伝えている。つまり、定綱はさらなる知行を要求しているのである。

定綱のこれら一連の文書は、弱小勢力に過ぎない人物が政宗に強気の売り込みをしている史料として大変興味深いものである。なぜ、所領を失い、蘆名氏のもとで不遇をかこっていた定綱がこのような強気な売り込みをすることができたのか。

2　定綱の自信

定綱が強気の交渉をできたのは、二つの理由がある。

一つ目は、定綱の持つ旧領への影響力である。この点について、過去にさかのぼってみてみよう。冒頭で述べたように、大内氏は、安達郡の東部一帯、塩松地方の領主であった。もともと塩松地方は、足利一門の石橋氏が領していた。大内氏は、永和《えいわ》五年（一三七九）に石橋氏とともに奥州に下向してきており、石橋氏の執事を務める家柄であった（名取熊野新宮社一切経奥書）。ところが、永禄一一年（一五六八）に、隣接する三春の田村氏の力を借りた定綱の父（名前は諸説あり）が主家の石橋氏を追放し、自らが塩松地方の領主となったのである。

定綱の活動が史料上にはっきり表れてくるのは天正四年（一五七六）頃からで、「大内太郎左衛門尉」と名乗っていたことを確認できる（「松藩捜古《しょうはんそうこ》」）。当時の実名は「定綱」ではなく、田村清顕《きよあき》の偏諱《へんき》（名前の一字を授かること）を受け、「顕徳《あきのり》」と称していたようである。木幡山《こはたやま》弁天堂に残された天正五年九月晦日付の棟札《むなふだ》には、「当日那大内備前守《びぜんのかみ》　同太郎左衛門尉顕徳」と記されている。ここから定綱の父は「備前守」を名乗っていたことを確認できる。木幡山弁天堂は、塩松地方の古社であり、こうした棟札が残されているということは、石橋氏を追放した大内父子が塩松地方の領主として活動していたことを示しており、実態は定かでないものの、ひとまず領内支配は順調に進んでいたものとみてよいだろう。

つまり、大内氏は、永和五年から定綱の活動が見られ始める天正四年まで、およそ二〇〇年にわたって塩松地方に住み続け、永禄一〇年からは自身で領内統治をもするようになっていたのである。

ところが、天正十三年に定綱が政宗に敗れ塩松地方を去ると、政宗は同地を白石宗実《しろいしむねざね》という家臣に任せた。そうした中、天正一六年一月、政宗が大崎合戦（宮城県北部）で大敗を喫し、その情報が南奥に広まると、塩松地方で牢人たちが蜂起した。この牢人たちは、大内氏の旧臣である。さらに百姓たちも長年親しんだ大内氏に心を寄せていた。白石宗実は「塩松の百姓たちは、皆が大内氏の譜代であり、万事に気遣い」をしており、定綱が味方となれば「大慶」であると述べたという（『伊達日記』）。要するに、宗実は塩松地方の統治に手を焼いており、定綱を政宗に臣従させることで、大内氏に心を寄せる者たちを懐柔し、塩松地方の統治を安定させようとしたのである。

二つ目は定綱の弟の存在である。定綱の弟である片平親綱《かたひらちかつな》は、安積郡《あさかぐん》の片平を領しており、詳細は省略するが、伊達氏の対蘆名氏の軍事戦略上極めて重要な地域を掌握していた。そのため、定綱を通じて片平を手に入れることは政宗にとって軍事的に大きなメリットがあった。

定綱はこうした自身の売り込みポイントを熟知していたのだろう。だからこそ、奥羽で最大の勢力を持つ政宗に対し強気の姿勢を示すことができたのである。

そして親綱も兄の定綱同様政宗に対し、強気の要求をしている。それは、瀬上丹後《せのうえたんご》の赦免である。瀬上丹後は、伊達輝宗《てるむね》（政宗の父）の家臣である中野宗時が元亀《げんき》元年（一五七〇）に起こした謀反に与《くみ》し、伊達氏から追放されていた人物で、親綱の婿であった。当然、政宗としては許しがたい要求であったが、この要求も受け入れた。

史料二・三の二日後の三月二〇日付で政宗は定綱に再び文書を送り、定綱と弟親綱の知行を保証することを誓っている。しかし、三月二八日、政宗は家臣の片倉景綱《かたくらかげつな》に対し、定綱が「世間の様子を見ながら、所領を増やそうとしている」とし、「不信」であるとはっきり述べていた（『仙』二二二号）。結局、四月一日に追加の知行を認めている（『仙』二二三号）定綱が政宗に対し、交渉で勝利したのである。いくらメリットがあるとはいえ、なぜ政宗がこれほど妥協したのかといえば、大崎合戦の大敗や、最上《もがみ》氏との関係悪化など、軍事情勢が厳しいものとなってきていたことが理由である。

こうした中で、弟の片平親綱は直前に翻意し、服属を取りやめた。これにより、定綱の価値は低下するかに見えたが、この頃、塩松領の石川弾正《だんじょう》が相馬氏に通じるという噂があり、そのため定綱の服属は四月に滞りなく成立した。こうして、定綱は蘆名氏から乗り換え、伊達氏の家臣として家の存続を図ることに成功したのである。

なお、石川弾正は実際に相馬氏に通じ、伊達氏から離反した。また、片平親綱も翌天正一七年に、政宗に服属している。

3　多属的性格・南奥の導火線

ここで視点を変えて、定綱の特色に迫ってみよう。大内氏は弱小勢力に過ぎなかったが、巧みな外交で家の存続を図っていた。こうした大内氏の存在について、後年のことであるが、『伊達日記』の著者である伊達成実《しげざね》（政宗の重臣）が次のように書いている。

元来二本松（畠山氏）・四本松（塩松＝大内氏）ハ何方《いずかた》ヘモ弓矢強方ヘタノミ身ヲ被持《もたれ》候

現代語訳すれば、「もともと畠山氏や大内氏は、だれであっても戦の強い方を頼って身を保っていました」となる。

大内氏は、石橋氏を追放した時には、田村氏の力を借り、その後は、田村氏・伊達氏に従属していた。しかし、天正七年から定綱は田村氏と敵対するようになる。そのため、田村氏と敵対関係にあった蘆名氏や常陸国の佐竹氏に従属するようになる。

一方で田村氏と同盟関係にある伊達氏とは、良好な関係を維持していた。当時、伊達氏・蘆名氏・佐竹氏という三大勢力は、田村氏との関係をめぐって問題もはらんではいたが、比較的安定した関係を構築していた。そのため、定綱が蘆名氏や佐竹氏に従属するようになっても、伊達氏としてはこうした定綱の動向を捨て置くことが得策だったのだろう。つまり、定綱は田村氏とは敵対したものの、伊達・蘆名・佐竹氏には従属しながら家を保っていったのである。こうした多属的な性格を持つ点が大内氏の特徴である。

しかし、天正一二年八月、田村清顕が定綱と合戦し、清顕が勝利を収めると、伊達輝宗・政宗父子が連名で清顕に文書を送り、勝利を祝している。定綱と清顕の紛争が本格化するに伴い、ついに伊達氏も定綱と敵対することになったのである。

しかも、天正一二年一〇月、蘆名盛隆が家臣によって殺害され、蘆名家中が佐竹氏から養子を迎えようとする一派と、伊達氏から養子を迎えようという一派に二分され、結局、佐竹氏から養子を迎え入れることに決まると、伊達氏と蘆名氏・佐竹氏の関係が悪化していく。ただし、すぐに交戦状態に入ったわけではない。その後もしばらく協調関係は続いていく。

そして同月、政宗が家督を相続すると、定綱が不可解な行動を見せる。同年末、定綱は敵対関係となっていた政宗のいる米沢に家督相続を祝いに出向いたのである。定綱は政宗に対し、米沢に屋敷を賜りそこに詰めて政宗に奉公し、あわせて妻子も住まわせたいと申し出た。しかし、年が明けた天正十三年正月に塩松に帰った定綱は、再び米沢に行くことはなかった（『伊達日記』）。当然、政宗は激怒することになる。

この不可解な行動は、代替わりを機に政宗と和睦しようとしたとも考えられるが、政宗の家臣たちに内応工作をするためで、定綱と蘆名氏が共謀したものだったとも伝わる（『奥《おう》羽《う》永《えい》慶《けい》軍《ぐん》記《き》』）。政宗は定綱のもとに使者を派遣して、米沢に来るように命じたものの、定綱は全く応じなかった。それどころか、伊達氏の悪口を言い放つ始末で、政宗はますます激怒した。「大内定綱の売り込み」でみた政宗による小手森城での撫で斬りは、こうした背景があったのである。

激怒した政宗は大内氏攻めを企図するようになるが、蘆名氏・佐竹氏に従属する大内氏を伊達氏が攻撃することは、伊達氏が蘆名氏・佐竹氏と敵対することを決定的なものとする。実際、父の輝宗は「大内氏を攻撃したならば、蘆名・岩城・石川氏を敵とすることとなる」と懸念していた（『伊達日記』）。つまり、定綱の動向が南奥の紛争を激化させる導火線となったのである。

おわりに

以上みてきたように、定綱は政宗の攻撃によって所領をすべて失ったにもかかわらず、政宗に対し強気の売り込みをし、自身の服属を成立させ、「餓死」になりそうな窮状から一転して家の存続を図ることに成功した。また、大内氏は安達郡東部一帯を領する弱小勢力に過ぎなかったが、その動向は南奥の導火線となった。定綱は、政宗だけでなく、蘆名氏や佐竹氏なども翻弄していたと言ってよいだろう。

政宗による南奥制覇という文脈で語られがちな南奥の戦国時代史であるが、定綱の動向を通して見直してみると、政宗に翻弄された地域の歴史像だけではなく、逆に政宗を翻弄した地域の人々のしたたかな歴史像が見えてくるのである。

参考文献

・遠藤ゆり子「天正期における伊達氏の外交と片倉景綱」(『白石市文化財調査報告書　第四七集　片倉小十郎景綱関係文書』二〇一三年)
・垣内和孝「服属の作法」(同『伊達政宗と南奥の戦国時代』吉川弘文館、二〇一七年　初出二〇一〇年)
・佐々木倫朗「戦国期「境目」における領主層の動向」(『戦国史研究』五〇、二〇〇五年)
・佐藤貴浩「大内定綱の動向と伊達氏」(戦国史研究会編『戦国期政治史論集』【東国編】、岩田書院、二〇一七年)

12

言いなりにならない百姓たちのしたたかさ

庄屋「御用日記」から見た八戸藩の百姓一揆

三浦忠司

対象地域
青森・岩手

1　八戸藩に稗三合一揆が起きる

東北の北端、太平洋に臨む場所に二万石の八戸藩《はちのへ》（青森県八戸市を中心とした地域）が位置する。北の寒冷地にあたるため、しばしば凶作・飢饉が発生した。特に天保年間（一八三〇〜四三）初期には、天保四年（一八三三）から七年間続く「七年飢渇《けかじ》」に悩まされた。このような背景の中で、天保五年に八戸藩最大の百姓一揆が起きた。名づけて「稗三合一揆《ひえさんごういっき》」という。

この一揆は、藩が食糧確保のために、百姓には一日稗三合を残すほかは、野菜を含むすべての食糧を強制的に取り上げたことに端を発した。一揆の要求は稗三合だけではない。稗・大豆・〆《しめ》粕《かす》（魚かす肥料）の強制買い上げに反対、煙草《たばこ》税・移出入の肴《さかな》税を廃止、山役銭《やまやくせん》（山林に課す税）倍増に反対するなど二一カ条にわたった。

一揆は天保五年正月に八戸藩領南端の久慈《くじ》地方から始まった。途中、各地の村々を巻き込んで全領一揆となって一万人を越える百姓が八戸城下に押し寄せた。だが、一揆勢は城下には突入せ

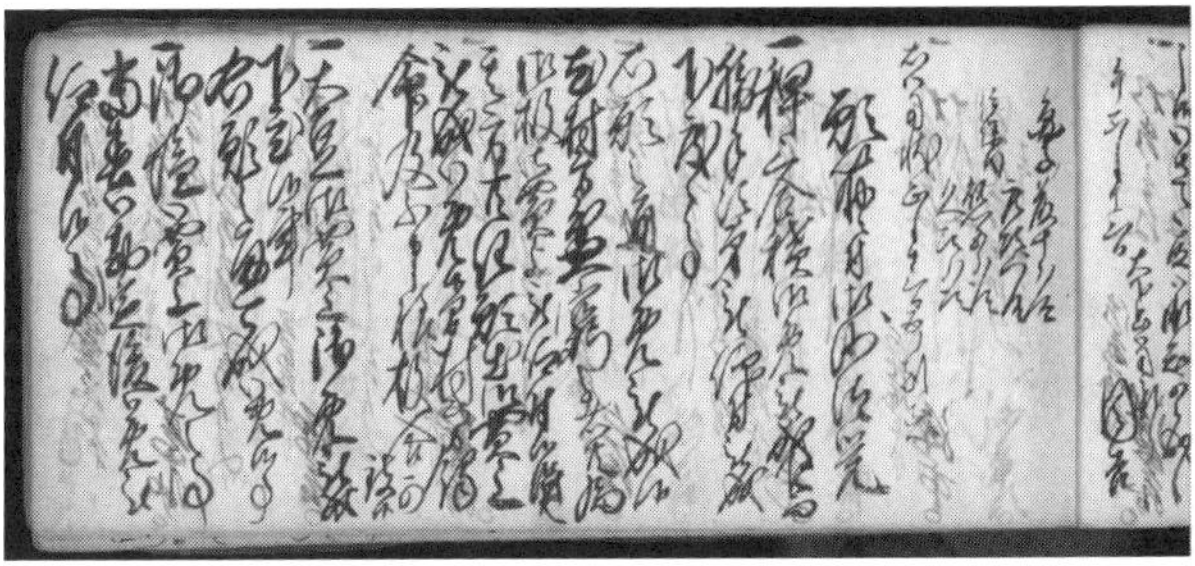

【写真1】天保5年正月12日付け二一カ条願筋ニ付御沙汰覚（御用日記所載）

ず、要求の大半を認めるという沙汰《さた》状を勝ち取って撤収した。

2　藩の二一カ条願筋の沙汰とそれを書き留めた庄屋御用日記

藩では、この二一カ条の願筋《ねがいすじ》に対してその可否を吟味して御沙汰《ごさた》覚《おぼえ》を発した（写真1）。その願筋のうち、稗・大豆・塩の強制買い上げ、煙草税・移出入の肴税・山役銭倍増の廃止などの一二カ条は全面的に認めたが、酒の専売制と藩直営の鉄山廃止の二カ条は認めなかった。他の〆粕の強制買い上げや藩札の発行停止、職人定税の倍増などの四カ条は条件を緩和し、定役《ていやく》（あらかじめ定めた労役）以外の人夫徴発や諸運上《うんじょう》（営業者に課す税）の独占請負の廃止などの三カ条は改めて再出願するようにと回答した。

これらの回答の沙汰は一揆終了後、個別に順次村々へ申し渡された。八戸藩領九戸《くのへ》郡伊保内《いぼない》町（現岩手県九戸郡九戸村）には、庄屋《しょうや》作右衛門《さくえもん》が書き留めた天保一〇年（一八三九）「御用日記《ごようにっき》」が残されている（九戸村教育委員会所蔵佐々木家文書）（写真2）。

庄屋とは町政の最高責任者たる町役人をいうが、この庄屋が書

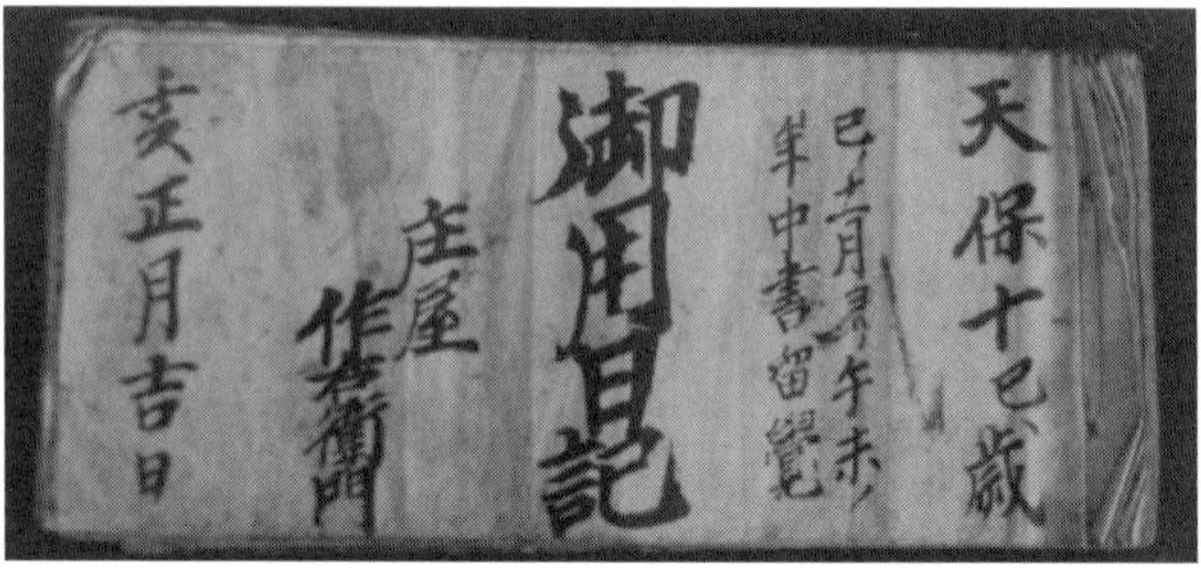

【写真2】天保10年御用日記の表紙（九戸村教育委員会所蔵）

き留めた御用日記は、天保四年一一月から同六年一二月までが記述されている。ちょうどこの期間には、前述の百姓一揆が起きているので、一揆の経過と村への沙汰を克明に知ることができる。

一般に御用日記や御用留《ごようどめ》といわれるものは、名主《なぬし》あるいは庄屋と呼ばれた村・町役人が藩の御用を書き留めたものである。彼らが藩庁からの触書《ふれがき》や沙汰、村々の回状《かいじょう》、村からの願書のほか、村の諸事について帳面に書き記していた。これを検討すれば、藩からどのような指示が届き、村ではどのような対応を取ったかを具体的に知ることができ、ひいては村落社会の動きや藩政の動向までも垣間見ることができる。

八戸藩の郷村制度について触れると、八戸藩の行政区域である「通《とおり》」には、数カ村を管轄する村役人の名主が置かれて村政を担当した。それとともに、郷村の主要地域には在郷町《ざいごうまち》の町場《まちば》（商家の住む街地）を設定し、ここには町場を治める庄屋が置かれた。ほかに通ごとに藩と村を取り次ぐ大下書《おおしたがき》や田屋《たや》という村役人も配置されていた。

【図1】八戸藩領

庄屋のいた伊保内町は軽米通《かるまいとおり》に属し、代官所が置かれた軽米町《かるまいまち》（岩手県九戸郡軽米町）に住む軽米村名主の管轄下にあった。伊保内町の周辺には、伊保内村、江刺家《えさしか》村、長興寺《ちょうこうじ》村、小倉《こぐら》村、荒谷《あらや》村、山根《さんね》村、戸田《とだ》村が所在する。これらの村々では、実際の村政業務を受け持つ乙名《おとな》が選ばれていた。伊保内町庄屋はこれらの乙名を配下に持ちながら、軽米村名主の触下《ふれした》（支配下）に属していた。

ちなみに庄屋がいる伊保内町とその周辺の村々の立地について述べると、この地域は、治所の置かれた八戸城下からは南西に三四kmほど離れた場所にあり、瀬月内川《せつきないがわ》に沿った山間地にあたっている。

3　御用日記に見える村百姓の願筋とそれに対する藩沙汰の箇条

藩からの沙汰はじょじょに村々へ達せられたが、村々の百姓はこれをどのように受け止めたのか。村からの願筋が許可されたのはよいが、不許可となった場合には、村々はどのように対応したのであろうか。これらについて御用日記の記述を引用して具体的に検討しよう（引用にあたり、正月付け沙汰は書き下し文を掲載したが、他は紙数の関係から必要な沙汰に絞って大意のみを記した）。

ところで、御用日記を見ると、藩の一揆後の対応として、それまでの問答無用の姿勢から、まずは百姓の要望を聞こうという姿勢に転換していることが読み取れる。願筋があれば何の願いでも差し出すようにと村々に申し渡し、百姓からの願いは少々のものでも門前払いせず、取り次ぐようにと担当役人や代官に指示していた。また百姓にとっても、一揆は藩を倒すことが目的ではなく、日々の暮らしが立ち行くようにすることこそが主眼であったので、藩の姿勢の転換は歓迎すべきことであった。

（一）正月付け沙汰

正月付け沙汰のうち、取り上げる箇条の書き下し文を掲載すると、次のようになっている（写真3）。

［書き下し文］

一稗御買上ならびに三合持、御免なし下されたく事
一御振駒、以前の通になし下されたく候事
一御伝馬は、駄ちん帳の外、御伝馬差出候儀、御免なし下され置き候事

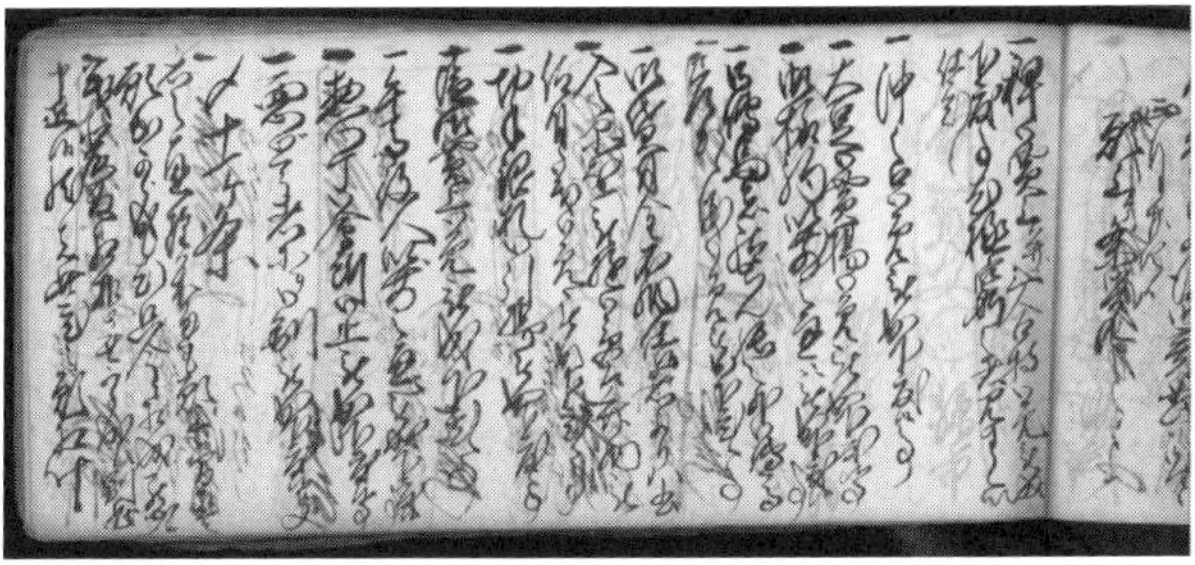

【写真3】天保5年正月14日付け願上ケ条覚（御用日記所載）

一切手銀札、御引揚なし下されたく候事

これは、本来、軽米通名主が村々の願いをとりまとめて藩へ提出した「願上カ条覚」の中の条文である。これに対して藩からは、これらの願いはすべて許可すると沙汰された。その沙汰内容は次のようなものであった。

一、稗三合積《つも》りは御免《ごめん》（免除）とする。
二、振駒《せりこま》は以前通り八戸引きを止めて、地元の村の開催とする。
三、伝馬《てんま》は許可の駄賃帳《だちんちょう》を持参しない者には提供しなくともよい。
四、藩札は引き揚げ（回収）、正金と交換する。

一項の稗三合積り（三合持とも表記）御免は、二一カ条の要求の第一番目に掲げられたものである。これこそ一揆が実現すべき最大の目標であった。稗三合積りとは、藩が凶作の最中に百姓の食糧を確保するためと称して家一軒ごと調べ回り、百姓一日分の食糧を稗三合に見積り、それ以外の食糧はすべて没収するという強権策を取った。これに百姓が反発して一揆の火の手を上げた。稗三合一揆とも称される由縁である。

　雑穀に分類される稗は当地方にとってはすこぶる重要な意味を有していた。八戸藩を含めた南《なん》部《ぶ》（青森県東部から岩手県北部地域）地方一帯の農業生産は、冷涼な気候のため稲作栽培には適さず、畑作物の稗や粟《あわ》、蕎麦《そば》などが中心であった。とりわけ稗は「冷え」に通ずるほど冷害にはめっぽう強く、痩《や》せ地でも栽培が可能であったので、広く栽培が行われていた。米は年貢に回されるから、百姓の食糧は必然的に稗に大きく依存した。そのため藩では、稗三合もあれば百姓は生活ができるだろうと考えて、全食糧の没収という強行手段に出た。それが大規模な一揆を誘発した。

　二項・三項は馬に関わる負担である。二項は捯駒、すなわち、馬の競《せ》り市である。古来から南部地方は馬産が盛んであった。領内では、捯駒を毎年八月に実施して馬の売買を行っていた。ところが、従来は代官所所在地などの村々で開催していたものを、一揆前には、八戸でのみ実施すると突如変更を命じた。これでは、村々にとっては、遠方からも八戸まで馬を引いていかなければならず、多大な負担を強いられることになった。そこで、八戸引きを止めて村での開催を強く求めたのである。一揆後のこの沙汰によって八戸引きが中止となった。

　三項の伝馬負担も百姓を苦しめた。これは二一カ条の沙汰にはないが、沙汰中の定役以外の人夫徴発の停止と関連する。村々では、荷物輸送を担うため伝馬と称する人馬提供を義務づけられていた。しかし、伝馬は時期を問わず命じられたので、参勤交代時の荷物の大量輸送のほか、役人の頻繁な街道の往来や鉄山巡回の番頭衆の往来などに馬と百姓が駆り出されるので、農作業に大きな支障をきたした。村では、伝馬負担の軽減を藩へ再三願い出ていたが、一揆後には、格別に駄賃帳か許可の木札を持参しない限りは、伝馬を出さなくてもよいと軽減措置を藩から引き出した。ほかに伊保内村からは、雪中期間は、危険にさらされるので、伊保内・軽米間の通《とお》し伝馬を止めてほしいと願い出て、許可された。

四項の藩札（切手などと表記）については、藩札では領外商人と交易できず、領内では大量の藩札発行によりしばしば貨幣価値が下落した。そのため百姓は生活に苦しんだ。さらに偽札も出回るに及んで、百姓たちは藩札の引き揚げを要求したのである。藩では、急な引き揚げは混乱を生ずるとしたが、藩札と銭との交換に応ずることとし、交換は発行元の八戸で行うと沙汰した。しかし、それでは遠距離の百姓にとっては困難であるとして見直しを迫った。藩では、村名主が一括して交換できるように便宜を図ることにした。

（二）二月付け沙汰

一、去年の年貢は見分けを実施して引金《ひききん》（減免）を行うので、年賦の上納としてよい。

二、擲駒の擲方法は願い通り以前と同様とする。以来、落札者は一両までは馬主の取り分とし、その余は馬主と藩とで折半する。

三、御手酒《おてしゅ》御免（廃止）の願いは沙汰の通りに不許可とする。

四、囲《かこ》い稗の供与については、囲い稗保管の村にあっては、貧窮百姓の面付帳《めんつけちょう》（名前を記す帳面）を提出すれば貸付を実施するが、保管のない村は貸付を行わないとする。

一項については、凶作や洪水などの災害にあたっては、藩では、村の願いにより役人の実地検分を行い年貢の減免をしてきたが、村からは去年は凶作なので例年通り年貢の減免をしてほしいと願い出た。藩では、去年の凶作に対応して減免の措置を取ることとし、年貢の年賦上納を許すと沙汰した。年貢上納は百姓にとっては重大な関心事であったから、すぐさま藩では措置に動いた。

二項の振駒については、正月付け沙汰は振駒の地元開催を認めただけで、振方法をはっきり示さなかった。そのため村からは従来通りの配分を願い出た。藩では、願い通り振方法は従前通りとし、一両までは馬主の取り分とし、その余は半金を馬主に与えると約束した。馬を飼養した百姓にとっては、馬の現金収入は大きな魅力であり、農業収入の不足を補うものであった。

三項の御手酒とは藩が専売を認めた酒のことである。酒は自由醸造・自由販売をさせず、従来通り酒株式を持っている者のみに醸造と販売を公認するということである。それは、百姓の反対があっても、特権商人には酒の専売権を付与するという一揆前の方式を踏襲するものであった。百姓からは、専売があったとしても村でも酒の販売を認めてほしいとの要望を出したので、藩では、清酒はさておき濁酒ぐらいは、郷村の願いがあれば、一郷一軒ぐらいは許可すると新たな沙汰を提示した。これにより村々の濁酒造りと販売は認められることになった。

四項の囲い稗供与については、自助努力のある村とその他の村を区別する沙汰を出したものである。囲い稗とは凶作などの非常時に備えとして貯蔵庫（郷倉）に保管されている稗をいい、八戸藩では天明三年（一七八三）大飢饉後に本格的な整備を進めた。伊保内村では、二月の沙汰以降も何度も囲い稗残量の貸付を願い出ている。この囲い稗供与は貧窮者を対象にしたものであるが、村には少なからず貧窮百姓が存在していたのである。一般百姓も飢饉で食料に事欠いているので、二月二三日付けで新たに沙汰を発して、北国から購入した買入米を安い値段で売却することを決定した。

(三) 四月・六月付け沙汰（写真4）

一、鍋銅屋《なべどうや》（鍋釜などの鋳物屋）の一手《いって》（独占）商売御免（廃止）が村から新たに願い出されたが、望み人すべてを許可できないが、軽米通は二軒に限り許可する。

二、山役銭倍増御免の願いは一揆時には許可するとしたが、この度の沙汰でもって許可は取り消すこととする。

一項は二一カ条の沙汰の、諸運上の独占請負に関わるものである。藩では、諸運上すべての御免は難しいとするも、不都合ならば書面で再提出するようにと沙汰していた。そこで、村からは

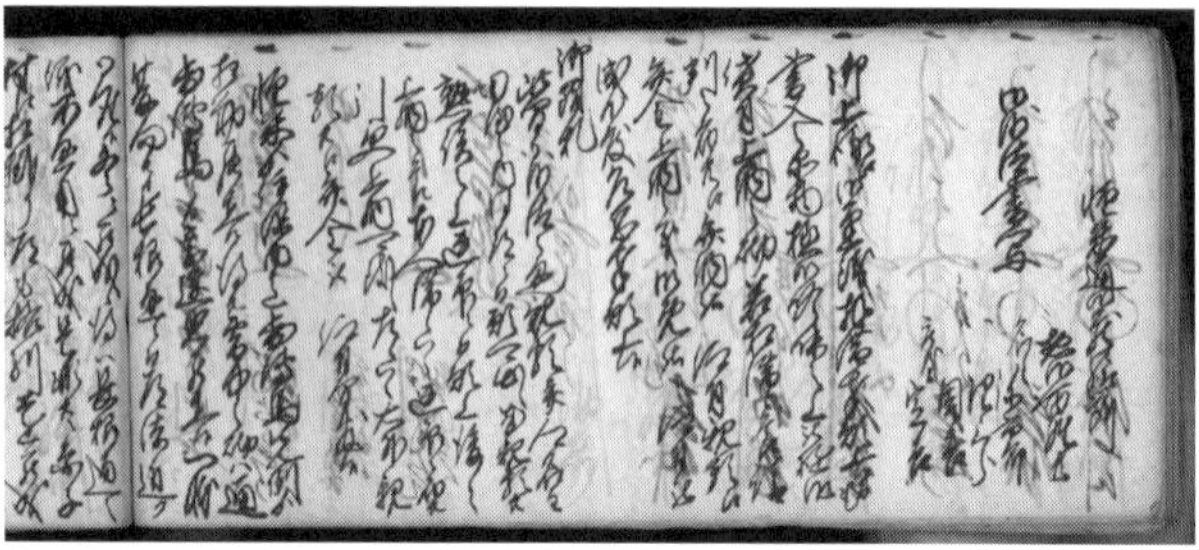

【写真4】天保5年4月18日付け軽米通惣百姓・名主・庄屋宛て御沙汰書写（御用日記所載）

鍋銅屋の一手商売御免、すなわち独占商売の撤廃を願い出たのである。一手商売は独占のため高値になりやすいので、望み人に商売を認めてほしいという内容であった。藩では、運上金上納があるので望み人すべてを許可できないとして、軽米通に限り二軒は許可すると譲歩した。鍋銅屋の主たる製造地は伊保内に隣接する軽米にあったので、これは日記に書き留めるほど身近な問題であった。

二項の山役銭倍増の許可取り消しは、藩では、山役銭は元来少額である上に、山持ちは格別難渋しているわけではない、役銭そのものは長く据え置いているからという理由で、一転して許可を取り消した。しかし、いったん許可した条項の撤回は、前回の沙汰は一揆を切り抜けるための苦し紛れの処置であったことを意味し、百姓にとっては背信行為に等しいものであった。

（四）沙汰は村へどのように伝えられたか

以上のような藩の沙汰はどのように村に伝えられたのであろ

うか。御用日記には、「一里をもって申達す」と沙汰状の冒頭に記されている。一里とは一里飛《いちりひ》脚《きゃく》のことをいい、藩庁と領内代官所を結ぶ公的な飛脚制度である。八戸藩のほか、盛岡《もりおか》藩も一里飛脚と呼んだ。これは街道途中に一里番屋を設置し、ここの番人に書状を継ぎ送りさせるものであった。

藩の沙汰はこの一里飛脚によって村に届けられたが、その送達の仕組みは、八戸藩は他藩とはやや異なっていた。普通、沙汰状は藩庁から村名主へ直接交付されるが、軽米通の村名主は在郷の軽米町に居住していたので、藩庁は八戸城下に住む軽米通の田屋へ交付し、田屋が軽米村名主へ送達した。沙汰を受け取った軽米名主は、配下の小走《こばしり》を使って伊保内町庄屋へ沙汰状を届け、伊保内町庄屋は近隣の村々の乙名を集めてこの沙汰を伝えていた。

4　まとめ　御用日記から読み取る村人の息づかい

百姓一揆によって二一カ条の沙汰は藩から各通に達せられたが、村々へも個別に沙汰が申し渡された。村々では、大方は藩の方針を受けざるを得なかったが、沙汰の条文を子細に読み解くと、一揆後も訴願や願いという形で村の要求が藩へ提出されており、その結果、藩政の方針が修正され、許可を勝ち取ることができた。例えば、従来通りの馬競り市の村開催や年貢の減免、許可のない伝馬徴発は一切禁止などが認められた。ここには、藩と村のせめぎ合いの中で、百姓の現状を変えようという村人の自己主張の一端が見い出される。

私たちは、今、御用日記をひもとくとき、その筆あとから、庄屋を始めとする村人の息づかいを強く感じ取ることができるのではなかろうか。

参考文献

・森嘉兵衛『九戸地方史』下巻（九戸地方史刊行会、一九七〇年）
・森嘉兵衛著作集第九巻『日本僻地の史的研究』下巻（法政大学出版局、一九八三年）

13　地域をつなぐ商人の活動
活動から見える営業戦略・能力とプライド

――館山町の他国出身商人――

宮坂　新

対象地域
千葉

1　江戸時代の館山町

千葉県南部に位置する館山市には、天正一九年（一五九一）から慶長一九年（一六一四）の間、里見氏が居城とした館山城があった。里見義康・忠義の二代にわたって城下町が整備され、里見氏の転封により廃城となった後も、旧城下町には通り沿いに町家や商家が建ち並んでいたようである。文政一二年（一八二九）に当地を来訪した江戸の十方庵敬順《じっぽうあんけいじゅん》は、「此処《ここ》は村とはいへど町家凡《およそ》十八、九軒建つづき上方の出店ありて、呉服屋をはじめ万《よろず》ひさぐ店あり」と記している（『遊歴雑記』）。

館山城は真倉《さなぐら》村という大村に位置しており、この一部である館山上町・中町・下町・新井浦・楠見浦《くすみうら》・浜上須賀《はまうえすか》・岡上須賀《おかうえすか》（すべて館山市館山）が旧城下町の中心部と思われる。この範囲は、館山町や館山三町四浦と称されており、館山湾に面していることから漁業が営まれ、また海上交通の利便性も高かった。

天明二年（一七八二）の真倉村明細帳（館山市立博物館保管「岩崎家文書」）によれば、新井浦からは江戸まで押送船（「おしおくりぶね」と読むのが一般的だが、千葉県南部では「おしょくりぶね」と呼ぶ）で鮮魚を輸送していた。安房《あわ》（千葉県南部）から江戸へ荷物を運ぶ船は、享保六年（一七二一）以降、浦賀番所で検査を受ける必要があったが、鮮魚を運ぶ船は鮮度を維持するため検査を免除されていた。輸送に使われた押送船は、船体が細く、櫓《ろ》漕《こ》ぎ・帆走併用の快速船で、これも鮮魚輸送のスピードを重視したものである。また、館山上町には仙台藩の廻船役所が置かれていた。同藩が江戸へ米を廻送する航路中、船が立ち寄る湊に藩役人を派遣したもので、これを補佐する商人である穀宿《こくやど》も一軒あった（井上：二〇二〇）。このように館山町は、周辺地域の中心的な町場であるとともに、江戸へ物資を運ぶ海上交通の拠点でもあったことが分かる。

2　他国出身商人の進出

先ほど掲げた『遊歴雑記』の記述にも「上方の出店あり」とあったように、館山町には関西をはじめ、他国出身の商人が進出していた。戦国末期以降、関西の漁師・商人による関東への進出が盛んに行われ、その背景には綿作の拡大による肥料としての干鰯《ほしか》需要や、江戸に幕府が置かれたことによる食料需要があったとされている（荒居：一九六二、一九七〇）。館山町周辺への他国商人進出も、こうした流れに位置付けられる。

例えば、摂津国武庫郡西宮（兵庫県西宮市）出身で、元和四年（一六一八）から船形村（館山市船形）で魚商売に従事した六右衛門の子孫が記した記録によれば、六右衛門が進出する以前から、館山には摂津出身の座古屋佐次兵衛《ざこやさじべえ》という商人がおり、江戸の魚問屋へ荷物を送っていた（善覚寺文書）。この佐次兵衛との関係は不明だが、新井浦には享保八年に押送船七艘を所持する座古屋八郎右衛門という人物がいた（嶋田：一九七六）。

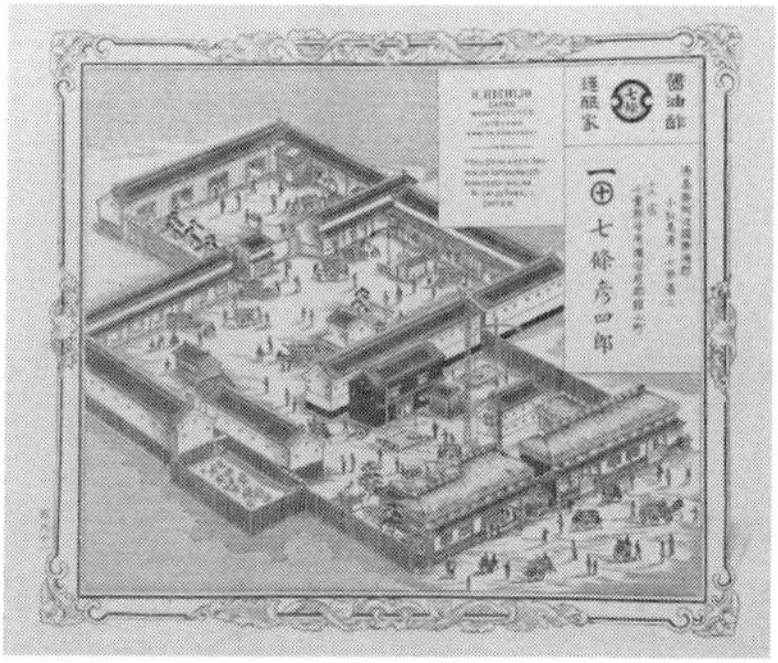

【写真1】『日本博覧図 千葉県』（館山市立博物館所蔵）

また、館山下町の阿波屋六右衛門は、阿波国勝浦郡小松島浦（徳島県小松島市）の藍商人である七條家の支店で、遅くとも天明二年には館山下町で酒造業を営んでいる。明治二九年（一八九六）に発行された『日本博覧図 千葉県・後編』にも、小松島浦の七條家の支店として、醤油・酢の醸造家である館山町の七條彦四郎が掲載されており（【写真1】）、これが阿波屋にあたる。描かれた内容からは、広大な敷地で多数の使用人が働いている様子が確認できる。また、文政七年に出版された江戸の買物案内書『江戸買物独《ひとり》案内』によると、七條家は江戸霊巌島《れいがんじま》町（東京都中央区）にも「阿波屋六右衛門」の屋号で支店を持ち、業種は藍の葉を染料用に加工して固めた「藍玉《あいだま》」の問屋であった。こうした点から、館山へは藍の肥料となる干鰯を求めて進出したものとも考えられる（宮坂：二〇二三）。

楠見浦には、紀伊国有田郡栖原《すはら》村（和歌山県湯浅町）出身の栖原屋佐五兵衛と、その親族である有田屋佐七がいた。栖原屋は、天明二年の真倉村明細帳によれば酒や醤油の醸造を行っていた。有田屋は酒造や絞油業を営むほか、天保一四年（一八四三）には伊豆の船主より六五〇石積廻船を購入しており（館山市立博物館所蔵「浅井家文書」）、館山町商人の中でも特に大規模な商業活動を展開していたと思われる。

以上紹介したように、館山町には現在の兵庫県・徳島県・和歌山県といった地域から商人が進出し、江戸への近さや海上交通の利便性を活かした商業活動を行っていた。このうち楠見浦の有田屋佐七は、越後新発田藩（新潟県新発田市）の江戸屋敷に炭と薪を納入していたが、この代金支払いをめぐって争論が起こっている。次に、この一件を通して有田屋の商人としての活動や能力に注目してみよう。

3　有田屋佐七と新発田藩江戸屋敷

ことの発端は、安政四年（一八五七）一〇月、新発田藩溝口家の家臣である小野寺栄助・田村銅三郎が、有田屋佐七に対して前貸金七五両の返済を書面で求めたことだった（館山市立博物館所蔵

「浅井家文書」、以下同じ）。その内容は、「以前、有田屋が当屋敷に炭を納入していた際に前貸金として七五両を渡したが、その後は炭の納入も中止となったため返金するように。返事の内容によっては、そちらの領主（館山藩）役所に相談する」というものであった。書状を受け取った有田屋は病気を理由に返答の猶予を願ったが、新発田藩の役人は館山町を支配する館山藩稲葉家の役所へ相談し、同年一二月には館山藩から有田屋に対し、江戸の藩役所へ出頭するよう指示があった。

これを受けて有田屋は、新発田藩・館山藩の両役所に対し、次の点を主張していく。

①新発田藩江戸屋敷には、天保九年から同一二年まで炭・薪を納入していた。前貸金七五両を受け取ったのは事実だが、これを差し引いても代金一三〇両余りが未払いとなっており、この支払いを求める。

②右の点を証明するため、新発田藩役所の割印がある帳簿を提示したが、同藩役人は帳簿を取り調べる、あるいは国元へ問い合わせるなどと説明し、その後、返答がない。

このうち①については、天保一一〜一二年の二年間に炭三〇七一俵・薪一五四六束を納入したことが記されている。炭・薪の産地は不明であるが、有田屋が自らの所持する廻船を利用して、大量の物資を集荷・輸送していた様子がうかがえる。また、②にあるように取引にあたっては、その都度、帳簿に新発田藩役所の割印を受けており、その保存管理も適切になされていた。

帳簿を根拠とした有田屋の主張に対し、新発田藩役所は右の②に見たように明確な回答を避けていた。さらに安政五年五月に至り、新発田藩役人の小野寺より、「江戸に滞在していた費用として七両を渡すので、この一件は無かったことにしてほしい」との申し出が有田屋に対してあった。この提案を受けた有田屋は、憤りを込めて館山藩役所（御領主様地方《じかた》役所）に報告し、次のように述べている（【写真2】）。

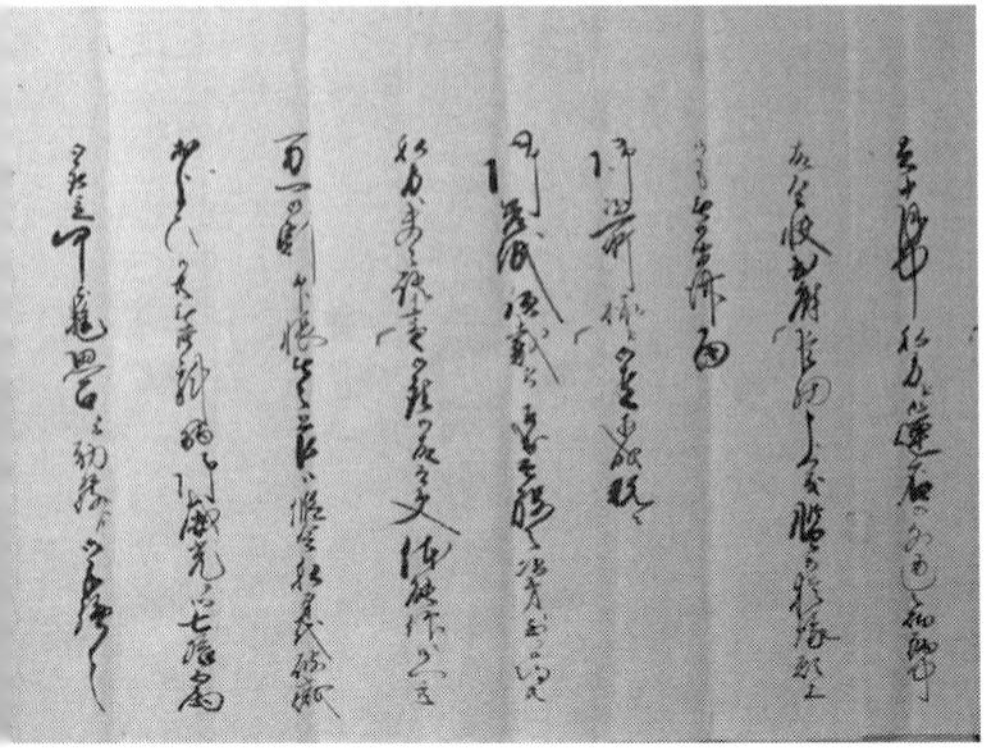

去十月中、私方江御連名御文通之砌、病中故全快出府、
巨細申上度、暫御猶予願上候も無御聞済、当
御役所様江御達相成、既ニ
御差紙頂戴被　召出、今般之次第ニ至り候得共、私方ニ
夫々証書御座候故、今更体能仰ニ候へ共、万一御割印帳
無之節ハ、仮令私身代破滅およひ候共無御斟酌、御威
光ヲ以七拾五両御取立可被遊思召ニ而、初発ゟ御手強
之御取計振与今更発明仕候上ハ、尚以御帳面為御引合、
幾重ニも願上度、併実々御引合帳無御座義ニ候ハヽ、御
割印真偽篤与御吟味之上、全御役所御印ニ候上ハヽ、纔
百三拾両前後之残金、速ニ御勘定被成下、農業繁多之

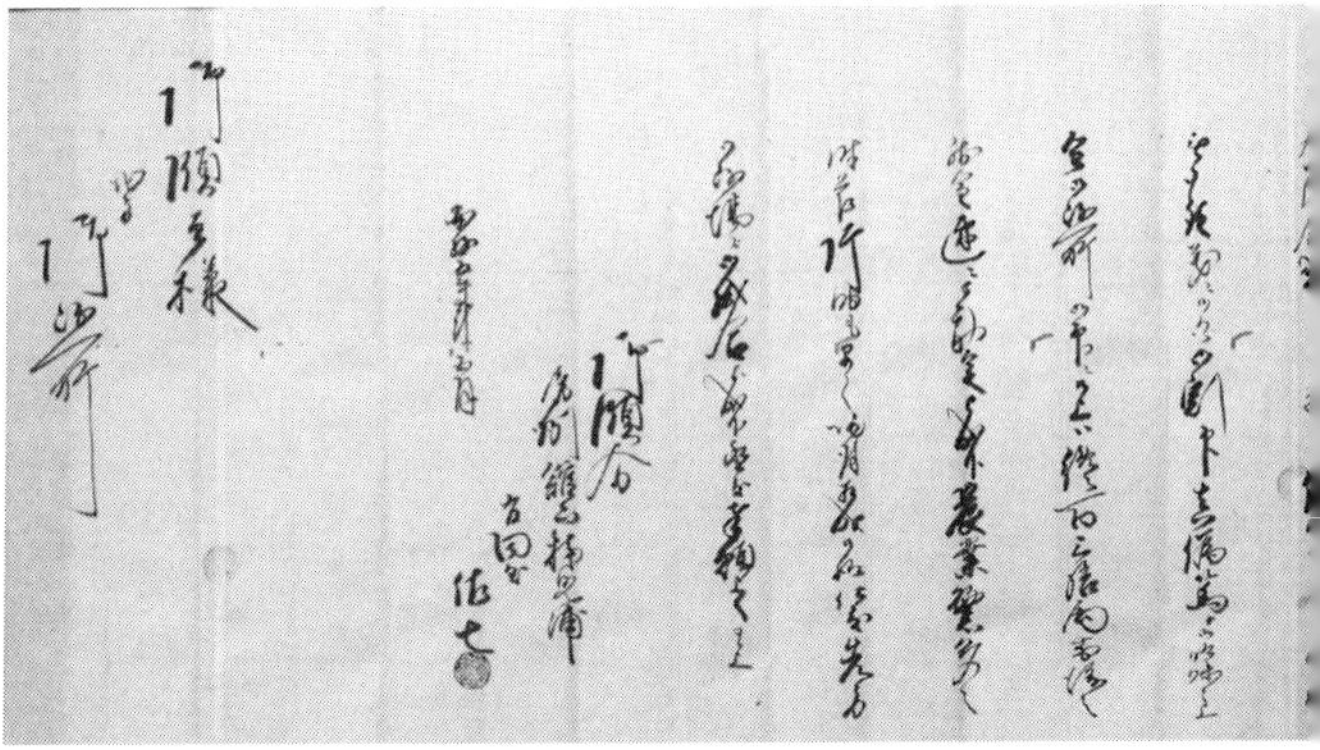

【写真 2】有田屋佐七から館山藩役所への願書（館山市立博物館所蔵）

時節、片時も早く帰村相成候様仕度、先方御役場江御
掛合被成下置度、奉願上候、已上、

御領分
房州館山楠見浦
有田屋
佐七㊞

安政五午年五月

御領主様
地方
御役所

（読み下し）

去る十月中、私方へご連名ご文通の砌《みぎり》、病中ゆえ全快出府《しゅっぷ》、巨細申し上げたく、しばらくご猶予願い上げ候もお聞き済みなく、当お役所様へお達しあい成り、既にお差紙《さしがみ》頂戴召し出され、今般の次第に至り候えど

も、私方にそれぞれ証書ござ候ゆえ、今更体《てい》よき仰せに候えども、万一お割印帳これなき節は、たとえ私身代《しんだい》破滅におよび候ともご斟酌《しんしゃく》なく、ご威光を以《もっ》て七十五両お取り立て遊ばさるべき思《おぼ》し召しにて、初発よりお手強のお取り計《はか》らい振りと今更発明仕《つかまつ》り候上は、なお以てお帳面お引き合わせ、幾重にも願い上げたく、併《しか》し実々お引合帳ござなき義に候わば、お割印真偽篤《とく》とご吟味の上、全くお役所お印に候上は、わずか百三十両前後の残金、速かにお勘定成し下され、農業繁多の時節、片時も早く帰村あい成り候よう仕りたく、先方お役場へお掛合《かけあい》成し下し置かれたく、願い上げ奉り候。已上《いじょう》。

（概要）

去る（安政四年）一〇月中、私の元へ（小野寺・田村の）連名の書状が届いた際、病気中であり全快したら江戸に出て説明するため、しばらく猶予してほしいと願ったが聞き入れられなかった。（新発田藩役所から）館山藩役所に報告し、私の元に出頭指示があり、現在に至っている。私の元には証拠となる文書があり、今さら都合の良い提案をされても受け入れられない。もし割印帳が無ければ、たとえ私が破産したとしても七五両を取り立てようと最初から強気の主張をしていたのだから、帳簿の照合をお願いしたい。もし相手方に帳簿がないのであれば、割印の真偽を取り調べ、新発田藩役所の印に間違いなければ、わずか一三〇両前後の残金であるので、速やかに支払ってほしい。農業に忙しい時期のため、早く帰村できるよう先方の役所との交渉をお願いしたい。

右の文面からは、有田屋が今回の新発田藩役人の行動に対して大きな憤りを感じていることが伝わってくる。こちらに証拠となる帳簿が無ければ、前貸金七五両を取り立てようとしていた点、さらに証拠を提示した後も相手方が非を認めない点についてはもちろんであるが、これに加えて、当事者同士の争いに領主である館山藩を巻き込んだ点にも不満が表れているように読み取れる。

恐らく有田屋には、資金力や文書管理能力を備え、江戸藩邸への大量の物資納入を遂行できる商人としての自負があった。それにもかかわらず、新発田藩役人から直接の交渉相手ではなく、「館山藩の領民」として扱われた点に不満を感じたものと推測できる。「わずか一三〇両前後の残金」という表現は、プライドを傷つけられた有田屋から新発田藩役人に対する皮肉と言って良いだろう。

なお、本一件は最終的に、新発田藩からの提案を有田屋が受け入れ、取り調べを見合わせることとなった。双方が主張した支払金の清算は行われず、その代わりに有田屋が江戸の滞在費用として三〇両余りを新発田藩役所から受け取った証文の下書が残っている。相手方の提案金額（七両）からの増額は、右に見たような有田屋の強気の主張をふまえたものだろう。

以上に見てきたように、江戸時代の館山町では他国出身の商人が活動していた。彼らは出身地と館山を結ぶだけでなく、海上交通を利用した集荷・物資輸送などで江戸をはじめとした各地と関わりを持った。さらに有田屋の事例では、大量の物資を輸送できる廻船や資金力・文書管理能力を背景に、江戸屋敷を媒介として諸藩とつながりを持つとともに、彼らと対等に交渉できるという商人としての自負を持っていた。海を通じた交流は、館山の地域性を考える上で重要な視点であり、今後もこうした商人の活動に注目していきたい。

参考文献

・『江戸叢書』巻の七（江戸叢書刊行会、一九一六年）
・荒居英次『近世日本漁村史の研究』（新生社、一九六三年）
・荒居英次『近世の漁村（日本歴史叢書）』（吉川弘文館、一九七〇年）
・嶋田駿司『房州館山の漁村』（私家版、一九七六年）
・原直史『日本近世の地域と流通』（山川出版社、一九九六年）
・宮坂新「近世関東における干鰯流通の展開と安房」（荒武賢一朗編『世界とつなぐ 起点としての日本列島史』、清文堂出版、二〇一六年）
・井上拓巳「仙台藩廻米体制と穀宿」（『地方史研究』四〇七号、二〇二〇年）
・宮坂新「史料紹介 館山神社蔵「阿波屋弁財天像由緒書」」（館山市文化財保護協会会報『館山と文化財』第五六号、二〇二三年）

第5部　かくして信仰は広がった

14

永平寺に伝来していたもうひとつの肖像画

知られざる道元頂相
―板行された頂相をめぐって―

長谷川幸一

対象地域
福井

1　著名な道元頂相

道元《どうげん》（一二〇〇〜五三）が開創した永平寺《えいへいじ》（福井県永平寺町）は曹洞宗《そうとうしゅう》の大本山で、現在も多くの僧侶が春・秋に上山《じょうざん》し、日々切磋琢磨している修行道場である。

永平寺では朝課《ちょうか》と呼ばれる朝のおつとめがあり、法堂《はっとう》で行われる献湯諷経《けんとうふぎん》（法堂献湯《はっとうけんとう》）が行じられる際は、須弥壇上《しゅみだんじょう》に道元の頂相《ちんそう》（禅僧の肖像画）が掲げられ、須弥壇下で焼香する際にはその頂相を拝することができる。掛けられる頂相は、宝慶寺《ほうきょうじ》（福井県大野市）所蔵の道元頂相（【画像1】。以下、宝慶寺本とする）のレプリカである。宝慶寺本は道元在世中に制作された頂相（寿像《じゅぞう》）として広く周知され、曹洞宗門では特に重く用いられている（佐藤：二〇一八・二〇二三）。

これには建長元年（一二四九）八月一五日に記した道元自筆の賛《さん》が付されている。自賛には「建長己酉《つちのととり》《きゆう》月円日《えんじつ》、越州吉田郡吉田（ママ）祥山永平寺開闢沙門希玄《かいびゃくしゃもんきげん》自賛」とあり、道元が円日、すなわち中秋に永平寺で自賛を揮毫したことが記される。そのため、本頂相は「観月の像」、または「月見

【画像1】道元禅師頂相　宝慶寺本（宝慶寺所蔵）

【画像2】道元禅師頂相　地蔵院本（永平寺所蔵）

の像」とも称されている。建長元年は道元五〇歳（数え年）の年にあたっている。道元は建長五年八月二八日に五四歳で亡くなることから、本頂相に描かれる姿は晩年期のものとみなしてよいだろう。なお、自賛にある希玄は道元の法諱《ほうき》（僧侶の名前）で、道元は道元→道玄→希玄と法諱を改めている。

次いで紹介する永平寺所蔵の道元頂相も著名である（【画像2】）。これには道元の自賛があるが、自賛は道元自筆のものではなく、室町中期頃、あるいは天文二一年（一五五二）の道元三〇〇回忌か、慶長七年（一六〇二）の道元三五〇回忌に合わせて制作されたと推定されている。本頂相は、永平寺に伝来したものとして紹介されてきている。しかし、この頂相はもともと永平寺の塔頭《たっちゅう》であ

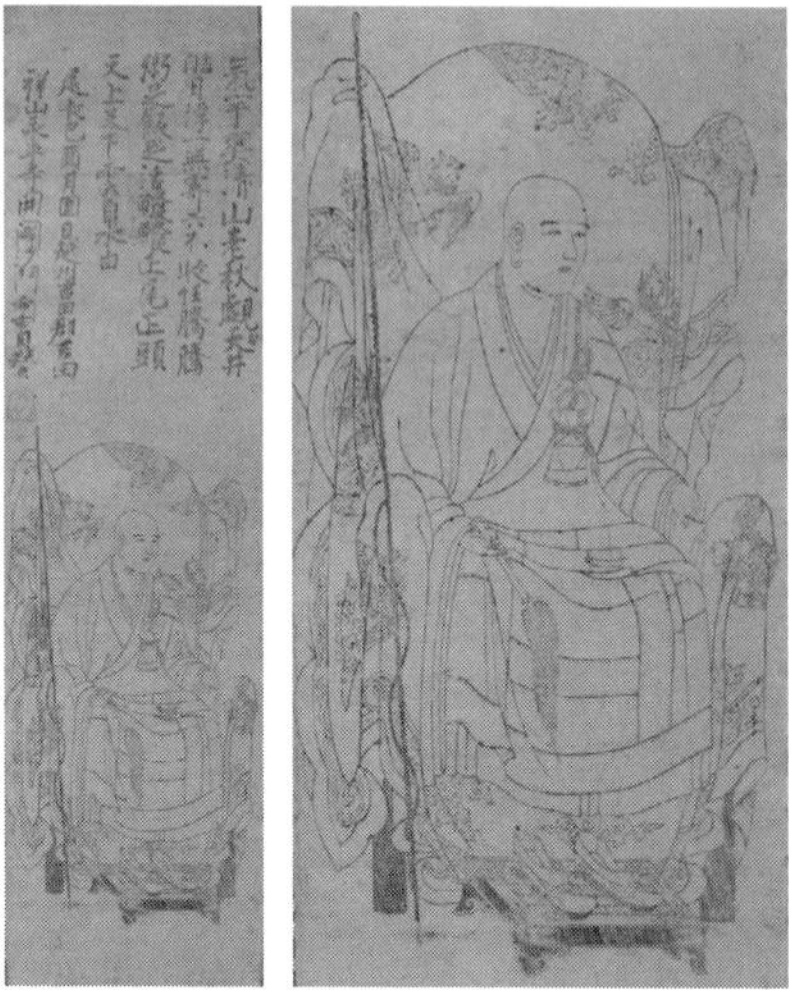

【画像3】道元木版頂相　全体・画像部分
（岩手県 正洞寺所蔵）

る地蔵院《じぞういん》（福井県永平寺町）に伝わったものであった。そのため、本頂相を以下では地蔵院本と呼称する。

そして、この地蔵院本とは別に、永平寺では秘蔵されていた頂相があった。この頂相は室町期から板行されていたようであり、刷られた木版頂相は江戸時代には広く曹洞宗寺院に流布していた（【画像3】、木版頂相については大久保：一九六六・川口：二〇〇二・廣瀬：二〇一九・伊藤：二〇二〇を参照）。そこで以下では、この秘蔵されていた頂相を永平寺本として呼称し、永平寺本が史料上、どのように確認されるのか、紹介していきたい（永平寺本については長谷川：二〇二四参照）。

2　『傘松日記』にみえる二幅の道元頂相

永平寺本と地蔵院本については、江戸時代に学僧として多くの業績を残した面山瑞方《めんざんずいほう》（一六八三

～一七六九）が著した『傘松日記《さんしょうにっき》』（東京都板橋区 松月院所蔵、以下『日記』と略記）から詳しい事情を知ることができる（『日記』の訳注は熊谷：一九七八参照）。

享保一九年（一七三四）秋、面山瑞方は永平寺四〇世大虚喝玄《たいこかつげん》（一六六一～一七三六）に招待され、永平寺孤雲閣《こうんかく》に二〇日間滞在した。その際の記録をまとめたものが、この『日記』である。『日記』によれば面山は九月一三日、永平寺に到着し、喝玄と対面している。九月二四日、面山は喝玄に方丈（住職の居室）に招待され、そこで道元所用のお袈裟《けさ》（黒色の九条の象鼻衣《ぞうびえ》。現存せず）と坐具（現在伝わるものは断片のみ）を拝覧した。続いて、道元の頂相二軸（永平寺本・地蔵院本）も拝覧しており、その様子を『日記』に以下のように記している。

次有一筐、乃吾祖之真也、被椅之像而嶙峋拄杖、右把白払、左手按牀角、即今印板出底像者、即写之而上副別讃者也、旧損蠹蝕如不堪再装者、又有一筐、是又吾祖之像、従古地蔵院所秘之軸而今在方丈、載認是為真之賛而書道元自題、有朱印、然偽筆非真筆也、此像之様、払柄横握左手収尾、非今印板之像也、禅師云、上件三種、則一年一回主人出之、非他人之所覧、大乗・宝慶主人不能拝視者也、今日奘祖忌、景以公者有功于高祖、而出視也、

読み下せば、次のようになる。

次に一筐《ひとはこ》有り。すなわち吾《わ》が祖《そ》の真《しん》なり。被椅《ひい》の像にして嶙峋《りんじゅん》の拄杖《しゅじょう》、右に白払《びゃくほつ》を把《にぎ》り、左手は牀角《しょうかく》に按《あん》ず。すなわち今、印板《いんばん》し出《いだ》す底の像は、すなわちこれを写して、上に別の讃

を副えるものなり。旧《ふる》く蠹蝕《としょく》に損なわれ、再び装するに堪えざるものの如し。
また一筐有り。是また吾が祖の像なり。古《いにしえ》より地蔵院に秘する所の軸にして、今は方丈に在り。「是を認じて真となす」の賛を載せて、「道元自題」と書し、朱印有り。然れども偽筆にして真筆に非ざるなり。此の像の様、払柄《ほっぺい》をば横に握り、左手に尾を収む。今の印板の像に非ざるなり。

禅師云わく、上件三種は、則ち一年一回、主人がこれを出《いだ》し、他人の覧る所に非ず。大乗・宝慶の主人も拝視すること能わざるものなり。今日は奘祖《じょうそ》の忌景《きけい》、公は高祖《こうそ》に功有るを以って出《いだ》し視《み》せしむなり。

続いて内容をみていこう。まず永平寺方丈には道元頂相が二軸あった。一つ目の頂相は、椅子に坐し、拄杖が描かれ、右手に払子《ほっす》を持ち、左手は椅子の肘掛に置かれている姿のものである。これは当時、板行がされていた木版頂相の原本、すなわち永平寺本にあたり、板行のものとは別の賛文を副えていた。ただ、この頂相の状態は虫損によって、再び表装ができないほどに悪い状態であったという。

続いて、二つ目の頂相は、永平寺の塔頭地蔵院で秘蔵していたが、永平寺方丈に安置するようになったものという。すなわち、これは地蔵院本を指す。これには「是を認じて真となす…」の賛を付し、道元自題とあり、朱印もあるが、道元の真筆とはいえないと面山は断じている。この像は払子を横に握り、左手で払子の尾を握っているもので、これは板行されていない姿をとると面山は指摘している。

喝玄は、これら二本の頂相は道元の坐具とともに、一年に一回、永平寺住持が出すもので、余人が見られるものではなく、まして大乗寺（石川県金沢市）・宝慶寺の住持たりといえども拝覧が叶わないものだとする。そして、本日二四日は永平寺二世懐奘の忌日にあたり、面山のこれまでの道元に対しての功績に報いて、これらのものを拝覧させるものだとも言い添えている。

この永平寺本は喝玄が「他人の覧る所に非ず」としていたように、永平寺住持のみが拝覧できる特別なものとして秘蔵されたものであった。ただ残念なことに、面山が永平寺本を拝覧した折には、永平寺本はすでに修補ができないほど傷みが進んでいた。本来であれば、永平寺本は修補を加え、末永く永平寺の法宝として伝えられるべきものであった。しかし、朽損した永平寺本はその後の時の経過に耐えられなかったようであり、以後の史料で確認することはできない。

永平寺には文化一一年（一八一四）以降の校割帳（財産目録）が残されているが、道元の頂相としては地蔵院本のみが記載される（校割帳については『永平寺史料全書』文書編三巻参考史料参照）。そのため、遅くとも文化一一年までには永平寺本は失われてしまったのであろう。そして、その存在は人々から忘れられ、永平寺の道元頂相といえば、地蔵院本という現在のような認識が形成されたといえる。

3　永平寺本とその開板

『日記』で面山が指摘していたように、永平寺本は巷間に流布していた道元の木版頂相の原本であった。この木版頂相はいくつか知られており、もっとも古いものは室町中期頃のものとされている（大久保：一九六六）。この想定が正しければ、永平寺本の成立は少なくとも室町期に遡る。

永享四年（一四三二）頃より、永平寺では正住《せいじゅう》（正規の住職）以外の人物を永平寺の住持として迎える住持制度が採られ、永平寺へ拝登《はいとう》する僧侶は次第に増えていく。永正四年（一五〇七）には朝廷より「本朝曹洞第一道場」の勅額を永平寺は下賜されて、住持となったものには禅師号《ぜんじごう》が許可されていく。こうして室町期の永平寺は出世道場としての体裁を次第に整えていく。そして、永平寺は道元の開かれた本山として、曹洞宗の僧侶が拝登すべき地として認識されていくようになる。

こうした流れの中で、道元を顕彰するために永平寺本の制作が企図されたのではないだろうか。なお、永平寺には七世以一《いいち》をはじめ、寂円派《じゃくえんぱ》（宝慶寺開山寂円を派祖とする法系）とされている永平寺歴代住持の頂相九幅【画像４】以下、寂円派頂相と表記）が伝えられている。寂円派頂相は永平寺本と同様な意匠で共通する点も多く、その制作は永平寺本と関連して進められていた可能性も考えられる。

永平寺本が制作された時期としては道元の遠忌《おんき》（年忌法要）が目安となり、応永九年（一四〇二）

一五〇回忌、享徳元年（一四五二）二〇〇回忌、文亀二年（一五〇二）二五〇回忌、天文二一年三〇〇回忌が候補に挙げられる。

このように室町期に永平寺が出世道場として成立してくる中、永平寺では道元や歴住の頂相が制作されてきた。さらに永平寺本をもとに木版頂相が板行されていくことになったのだろう。それから江戸時代にかけて、永平寺では上山した人々に永平寺本の木版頂相を不腆《ふてん》（記念品）として配り、永平寺が板行する道元の頂相として認識されていった。

この木版頂相は各地の曹洞宗寺院に伝存している。たとえば北海道函館市の高龍寺《こうりゅうじ》所蔵の道元木版頂相の裏面の墨書には、享和二年（一八〇二）八月二八日の道元五五〇回忌に、高龍寺一一世華重禅海（?〜一八一五）が永平寺に登山し、木版頂相を拝請したことが記されている。そして、京都において、この木版頂相に彩色と表具をしてもらったことも墨書に記される（『高龍寺史』七五頁上段）。

木版頂相は彩色されないものが配布されていたようであり、岩手県北

【画像4】寂円派頂相の一つである宗縁頂相（永平寺所蔵）

上市の正洞寺《しょうどうじ》には彩色されていない木版頂相が伝来している（【画像３】参照）。このように道元木版頂相は、永平寺と各地の曹洞宗寺院との関係を示す重要な史料といえる。

４　むすびにかえて

現在、永平寺の道元頂相として知られる地蔵院本とは別に、室町期に制作された道元の頂相として永平寺本があったことを紹介した。この永平寺本こそ、中世から永平寺において道元の頂相として尊重されてきたものであった。永平寺本は道元の頂相として貴ばれ、享保期の永平寺四〇世大虚喝玄代頃になると、永平寺住持以外には他見を許されないものとして永平寺方丈に秘蔵されるものになっていた。

しかしながら、すでにこの頃には永平寺本は朽損が進んでおり、しばらくして失われてしまった可能性が高い。そして、永平寺本に代わって、地蔵院本が永平寺所蔵の道元の頂相として現在まで認識されていくようになった。

従来、江戸時代に板行されていた道元の木版頂相の存在は知られていたが、『傘松日記』を読み込むことで、この木版頂相の原本が永平寺本であったことを確認できた。

道元木版頂相の検討は緒についたばかりである。永平寺本の追究とともに、さらなる実態は今後解明されていくであろう。

参考文献

・大久保道舟「肖像版画について」（『修訂増補道元禅師伝の研究』一二章四節六項、筑摩書房、一九六六年）
・熊谷忠興「訳注・傘松日記」（四一二～四二〇号、一九七八年）
・川口高風「道元禅師の版画像をめぐって」（『傘松』七〇八号、二〇〇二年）
・『高龍寺史』（国華山高龍寺、二〇〇三年）
・佐藤秀孝「熊本市本妙寺所蔵『道元禅師頂相』―帰国当初に描かれた道元禅師の姿を偲んで―」（『駒澤大学禅文化歴史博物館紀要』二号、二〇一八年）
・廣瀬良弘「永平寺蔵道元禅師頂相について」（『傘松』九〇四号、二〇一九年）
・伊藤良久「道元禅師頂相についての一考察―面山瑞方ゆかりの木版「月見の像」―」（『仏教経済研究』四九号、二〇二〇年）
・佐藤秀孝「宏智正覚・長翁如浄・永平道元三禅師の頂相」（『傘松』九五五号～、二〇二三年～連載中）
・長谷川幸一「道元禅師肖像版画について」（『曹洞宗総合研究センター学術大会紀要』二五回、二〇二四年）

永平寺と所蔵史料については左記のものを参考した。

・『永平寺史』（大本山永平寺、一九八二年）
・『永平寺史料全書』禅籍編一巻（大本山永平寺、二〇〇二年）
・『永平寺史料全書』文書編一巻（大本山永平寺、二〇一二年）
・『永平寺史料全書』文書編三巻（大本山永平寺、二〇一八年）

15

ザビエル来豊の経路と南蛮貿易港日出《ひじ》の姿

ザビエルの来豊経路は陸路だった！

平井義人

対象地域
大分

1　はじめに

天文一八年（一五四九）に日本に初めてキリスト教を伝えたザビエルは、天文二〇年九月、日本布教の最後に豊後を訪れ、戦国大名大友義鎮《よししげ》に迎えられた。その地で布教活動を行い、その一一月には日出《ひじ》港に碇泊していたポルトガル船に乗り日本を去りインドのゴアに向かったということになっている。その折りの山口・豊後府内間の行程については、現在二つの説がある。簡単に言うと陸路説と海路説である。ただし、陸路説といっても日出《ひじ》・府内間は海路としている点に注意を要す（図1参照）。学説的には加藤知弘氏が陸路説を否定（加藤：一九八五）して以降、海路説が支持されるようになり、近年の研究ではほぼすべての著作で海路説がとられている（たとえば、浅見：二〇一一）。ところが、地元日出町や杵築《きつき》市山香町では伝承を背景にしてなのか陸路説が定着しており支持され続けている。では、実際のところどうであったのだろうか。その点を当時の南蛮貿易の実相を踏まえつつ考察してみたい。

【図1】別府湾の図

ところで、ザビエルが山口から豊後府内に向けて、どのルートを辿ったのかは、一般の読者にとってはたいした問題ではないのかも知れない。しかし、そのことはザビエルの布教に対する姿勢や当時における日出や府内沖の浜（府内の中世における港。後述）の、港としての機能、さらには当時大友氏が行っていた南蛮貿易の実態を考える上で重要な意味を持つと考えられるため、放置できない課題と言わざるを得ないのである。

2　ザビエル来豊にかかる二つの記録と近年の学説

ザビエル来豊にかかる記録として、まずメンデス・ピントの『東洋遍歴記』があげられる。本書は一六世紀の半ばに日本をはじめアジア・アフリカを旅したポルトガル人メンデス・ピントによるその冒険旅行についての著作である。特に彼はフランシスコ・ザビエルが、日本に教会を設立するための資金を提供するなど、本論の主題であるザビエルと交流している。本書は一五七八年までに執筆されたと考えられているが、出版はピントの死後三〇年が過ぎた一六一四年である。同書に記されたザビエルの行程を要約すると、ザビエルは山口から歩いて豊後日出の港に行き、日出からは船で府内の港まで向かったとなっているのである。また、フロイスの『日本史』（一五八六年執筆）及びダニエッロ・バルトリの『イエズス会史』（一六五三年までに執筆された）にも、同じ行程が書かれている。

一方、ジョアン・ロドリゲスの『日本教会史』では別のルートであったように記されている。この記録はピントより五〇年ほど後の一五六一年に生まれたロドリゲスが、少年時代から日本に来てイエズス会に入会し司祭として活躍した経験をもとに、イエズス会本部より依頼されてまとめたものである。執筆は彼が日本から追放された後の、主に中国で、彼が死ぬ直前の一六三三年まで行われたが、何故か出版されずに写本のみが遺された。同書によれば、日出港にいたガマ船長の船が周防のとある港までザビエル一行を迎えに行き、一行はその港から乗船して豊後の日出港に向かったとしている。そして、その記述の後にロドリゲスはピントの『東洋遍歴記』には嘘が多く、「十分に取捨選択する必要があ」ると述べているのである。

このように、一七世紀の欧文による記録では山口・日出間のザビエルの行程には陸路説と海路説が存在したが、日出の港に着きそこから府内に向かったという点についてはほぼ一致していた。ところが近年の日本での説によると、加藤知弘氏を中心として、日出港寄港すらも否定され、ザビエル等は周防の港から直接府内の港に到着したとされたのである。

加藤氏は『東洋遍歴記』を史料としては信用せず、ロドリゲスの海路説を前提に、ザビエル来豊の経路を考察した。しかし、海路で山口から府内に向ったとすれば、何故に日出港に寄港をしなければならなかったのか。その理由が見い出せず、彼はロドリゲスの記述した日出港への寄港も否定することになった。加藤氏が日出港寄港を否定した根拠は、①ピントが記録した日出港でのザビエル到着を伝える祝砲が府内大友館にいた大友義鎮を驚かせたという描写は、その距離と砲の性能からは考えられないこと、②「日出の港で本船から艀《はしけ》舟などに乗り換えて府内の波止場に向かった」との描写は、日出の位置が府内の港に上陸するために艀舟に乗り換える場所としては遠すぎて考えられないこと、の二点に集約される。そして加藤氏らは、「豊後府内の外港であれば日出よりも近い場所で選べるはずだ」としたのである。

3　ティセラの日本図

前章で見たように、加藤氏はザビエルの陸路来訪を否定したばかりではなく、ポルトガル船の碇泊港日出の存在すらも否定している。しかし、本当にピントはもとよりフロイスやロドリゲスなどまでもが書き遺した日出港の存在を、加藤氏等が提示した疑問点のみで否定し得るのかどうか、再検討してみたい。

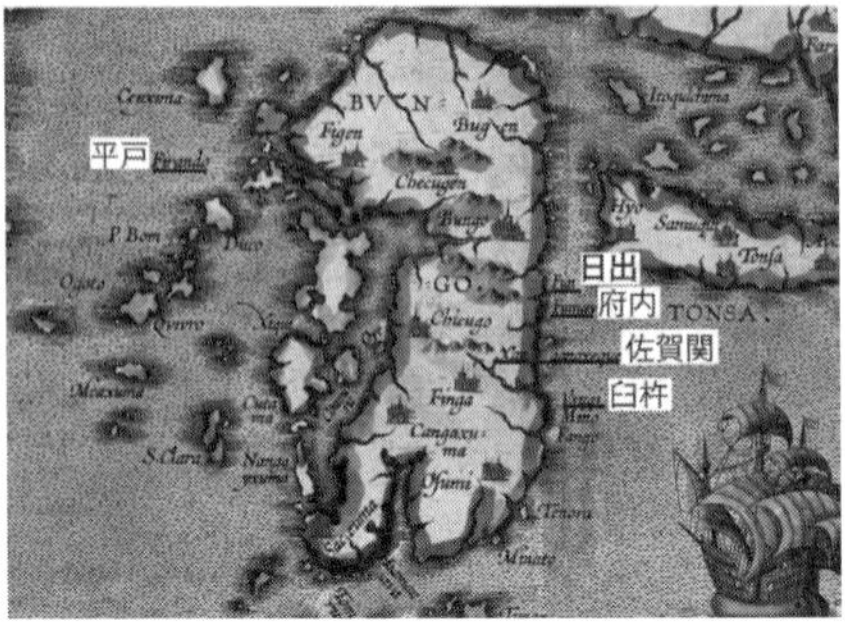

【図２】ティセラの日本図（九州部分）

そこで、一五九五年にロンドンで出版されたオルテリウスの地図帳『世界の舞台』補巻第五巻にある、イエズス会士ティセラが、作成あるいは入手したとされる日本図を見てみよう（図2、同図の九州部分）。この図では、①九州の東海岸に比べて西海岸の地理認識が曖昧である、②長崎・博多の地名は書かれず、平戸も海中に記され不正確である、③豊後の地名が極端に多く、臼杵・佐賀関・府内・日出の地名が読み取れる、の三点が注目される。平戸を中心とした南蛮貿易はその後、大村領横瀬浦へと拠点を移していることから、この日本図は大村（長崎）・平戸での南蛮貿易がさかんになる前の作成であり、往時のポルトガル人による九州の地理認識が表現されていると考えられる。また、鹿児島を中継地として豊後府内が一つの目的地であるように読みとれ、さらに府内への航路は九州の東海岸を往来するもので、その意味では府内より遠方の日出を地名として挙げている事実は府内との交易に纏わり日出港に特別な意味があったことを想起させる。当時の貿易が大友氏により豊後府内を中心に展開されたことを踏まえれば、府内のさらに西奥一六km離れた位置にある日出はなぜ日本図に記されたのであろうか。

4　近世の絵図から考える別府湾の海底地形と日出港の意義

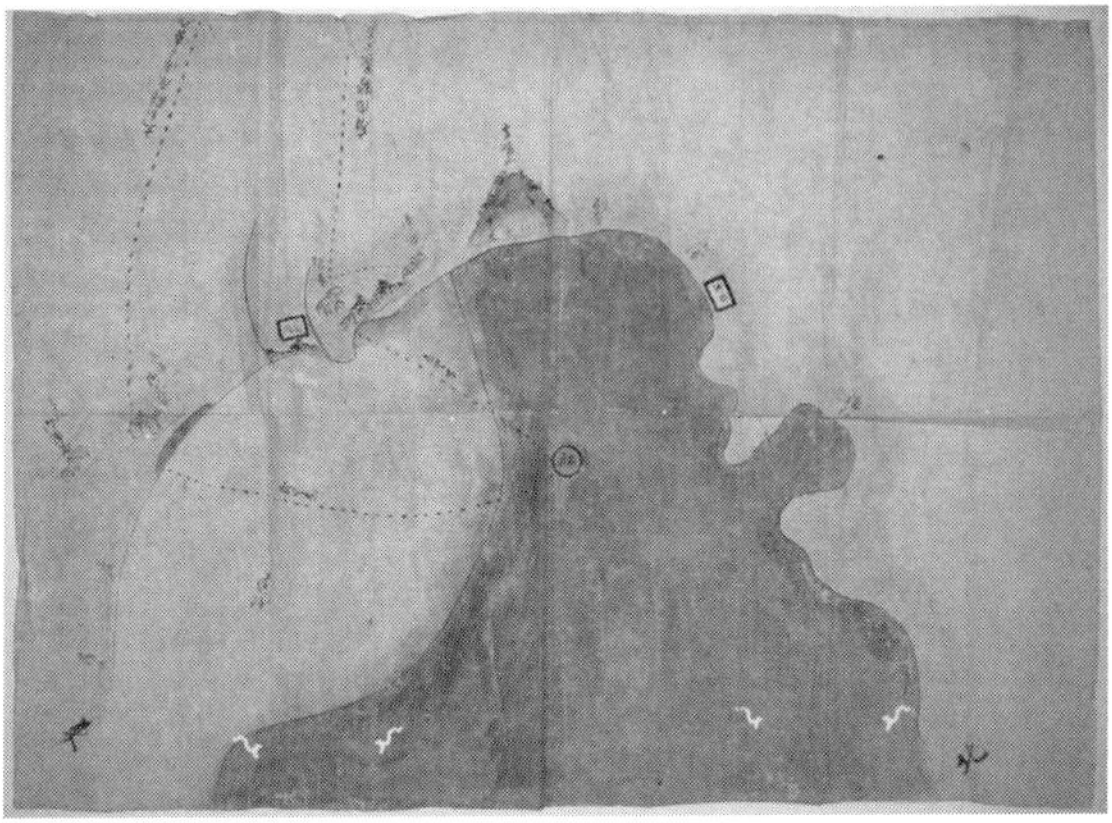

【図3】直入郡拾弐ヶ村御蔵場所替御願見取絵図（大分県立先哲史料館蔵・田北家文書、史料番号・94-011-1305）

ここで、もうひとつの地図（図3）に注目をしたい。この図は幕府領直入郡城後村の大庄屋田北家に伝わる絵図である。これを見ると近世以前には高崎山を境にしてその南東側の海は遠浅であったことが読み取れる。府内には当時沖の浜と呼ばれる大分川河口の砂州に築かれた港があったが、遠浅で大船は近づけなかったのである。そのため、沖の浜に荷を下ろす際には艀舟を使わなければならなかったようである。従って、沖の浜には補助港が必要であった。それが、佐賀関港と日出港だったと考えられる。ただし、日出港といっても当時「浮津《うきつ》港」と呼ばれていた現在の金井田川・堀川河口の港ではない。日出城の南西側は海岸が深くなっており（図4）、南蛮貿易の時代にはそこに港が築かれ、青柳港とも呼ばれていた（図5）。さらにその場所は海岸に真水が湧き

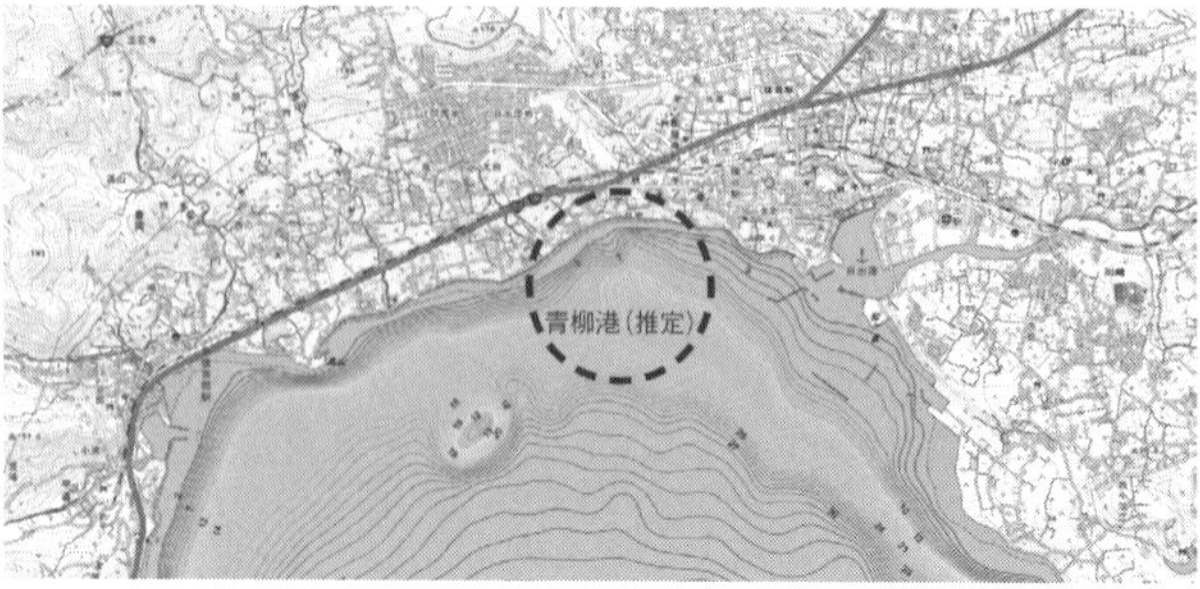

【図４】日出沖の海底地形（「みんなの海図」マリーンネットワークス株式会社）

出しており、その真水で育ったカレイが美味であるということで江戸時代には日出藩の幕府献上品にもなった。城下カレイである。その真水は一方で遠洋航海にとっても貴重であったと考えられる。

日出港（青柳港。本論でいう日出港はすべてこの青柳港のことである）は、海底が深く大船が近づきやすかったこと、海岸地に大量の湧水があり新鮮な真水が手に入りやすかったこと、この二つの理由によりポルトガル船が碇泊できる、府内沖の浜の補助港として、沖の浜よりも奥地にありながらポルトガル人に認識され、ティセラの日本図にも書き出されたのであろう。現に天正九年（一五八一）には府内を訪れていたヴァリニャーニらの巡察使一行は畿内に旅立つに陸路府内を出発し、日出港から大友義鎮の船で畿内に向けて出航している（松田：一九六五）。そもそも、何故義鎮の船がわざわざ府内沖の浜ではなく一六km離れた日出港に碇泊しているのかも重要であり、沖の浜が大船の使える港であれば、あり得ない事と言わざるを得ないだろう。

加藤氏が主張した「日出を府内の外港として利用するぐらいな

【図5】日出之景及び春風楼記（青柳港周辺部分）
正面の春風楼の位置が日出城。左に描かれた湾が浮津港（現在の日出港）
右に描かれているのが青柳港（ピントやティセラの日本図で言うところの日出港）

ら、他に距離的に近い適当な港をあれこれ選べたはずである」という点は先に述べてきた理由から明確に反論することができる。新鮮な真水を大量かつ簡単に手に入れることができるという点も含め日出港は、他では代替できない府内沖の浜の重要な補助港であったに違いない。よって、ガマ船長のポルトガル船が日出港に碇泊していたという諸史料に書かれていることも、事実であったと思われる。

次に、また加藤氏等が主張した「日出港に碇泊している船の礼砲の音が府内の人々を驚かせたとするのは、距離的にも当時の砲の性能からいっても、少々無理がある」という点についてであるが、注意しなくてはならないのは、義鎮たちが驚いたのは砲音の大きさというよりも、むしろポルトガル船と海賊との間で戦闘が始まったのではないかという心配からであったという点である（『東洋遍歴記』）。そうしたとき、脇蘭室著『菡海漁談《かんかいりょうだん》』に「或人の聞伝る話に、瓜生島にて舂く声、順風に送られては、深江の人家にほのかに聞こえたりしと云」とあることに注目したい。瓜生島とは文禄五年（一五九六）の慶長豊後地震の折に海に沈んだとされる島であるが、実際には大分川に突き出た砂州に作られた港、まさに沖の浜のことだと現在は考えられている（加藤：一九八七）。日出藩の参勤交代のための風待茶屋が建っていた深江の港にまでその瓜生島の喧噪が聞こえたというのである。音の方向は逆だが喧噪が聞こえるならば砲音が聞こえないはずはない。

一方、加藤氏が主張したもう一つの点、ピントが書き残したザビエルたちが小船に分乗して日出から府内に向かったという記述に対して「日出で本船から小舟に乗り換えて、……別府湾をわざわざ横断したとは、とても考えられない。」とした点については、ちょっとした誤解だったのではないか。ピントは「絹の日《ひ》覆《おおい》と旗を飾った船の艀舟と二隻のマンシュア船に乗って出発し」たと書いているが、ザビエル等が日出の港から艀舟に乗りかえて行ったわけではないはずだ。本船で行くと大船のため上陸するに沖合遠くで艀舟に乗り換えなければならないため、艀舟に乗り換える位置を少しでも港に近い場所にするため、二隻の小さめの船に分乗して向かった、ということであろう。また、船団を組むときに艀舟を伴って出発するという形態は「木下俊懋《としまさ》日記」にも表れ、近世の参勤交代では一般的に見られるものであり、恐らく中世末期でも同じではなかったか。

以上加藤氏等が掲げた日出港を否定する二つの理由は、原史料を否定しなければならないほど不自然な話ではなく、原史料を訂正させる力はないと言わざるを得ない。ピント、フロイス、ロドリゲス皆が同様に書き残した日出港の姿に誤りはなかったのである。

5　ロドリゲスの海路説

これまで見てきたように、加藤氏らの「ザビエルは周防から直接府内の港に向かった」とする説はそもそもの背景として、ピントの『東洋遍歴記』に史料性はないためロドリゲスの『日本教会史』の記述を前提にした、ということからであった。ロドリゲスの説に従って、ザビエルが周防から船に乗ったのであれば確かにわざわざ日出を経由するのは不自然である。しかし、両者の記述の真偽については、本当にそれで良かったのだろうか。確かに現在ではメンデス・ピントの『東洋遍歴記』は、冒険小説に過ぎないという評価が与えられており（岡本：一九八〇）、史料としてそのまま扱うことには問題がある。ロドリゲスがピントの文には嘘が多いため「十分に取捨選択する必要があ」るとしたその結果、ロドリゲスは山口から豊後へのザビエルの行程を海路だと判断するに至ったわけであるが、そこにはどのような考え・背景が潜んでいるのであろうか。

そもそも、メンデス・ピント『東洋遍歴記』及びフロイス『日本史』とロドリゲス『日本教会史』とでは、記録としての背景が全く異なる。ピントやフロイスはザビエルと交流したことがあり、書かれた時期の問題は横に置いて、それぞれ自らが生きて直接間接に見聞きした時代の出来事を記録したものであるのに対し、ロドリゲスの作品は生まれる前の出来事を文献などを頼りに編纂したものである。しかし、ロドリゲスは日本に三〇年余り住み日本に精通していたために、ピントの記録のでたらめなところに気づき、『日本教会史』を編纂するに当って、ピントの記録の矛盾する部分を少しでも改めようと努力したものと考えられる。日本の地理に精通していたロドリゲスは、ザビエルが山口から九州の豊後に行くためには陸路を通ったとしてもどこかで船に乗らなければならないと気がついたのではないか。そして一度船に乗る以上そのまま豊後に向かう方が旅程としては自然であることは間違いがない。ロドリゲスの『日本教会史』執筆は、彼が日本から追放され主にマカオにて活動した時期に行われたものであることは先に述べた。よって執筆にあたって彼が日本を離れてピント以下の記録には出てこない当時のザビエルにまつわる新事実に遭遇できたとは考えにくい。彼独自の記述は、新しい史料の発掘により行われたのではなく、ピントの嘘を正したいという思いから行われた修正作業の結果に過ぎなかったのではないか。

また確かに誰が考えても、行路の約九割に及ぶ山口・日出間を歩き、最後の一割の日出・沖の浜間のみ船を使うというのは旅程としては常識的ではない。しかし、ザビエルは宣教師なのである。船に乗ってしまえば、誰とも遭遇しないままである。彼は、村々を歩き自分の姿を出会う村人たちに見せることによって布教の足がかりとしたかったのではないか。事実、彼が足を痛めて歩けなくなった時にさえ、迎えに来た者たちが引いてきた馬にも乗ろうとしなかったといったことが、ピント及びロドリゲスの記事に出てくるのである。ところが、最後に府内に向かうにあたっては、豊後の王大友義鎮に会うため、どのようにして会えば良いかガマ船長以下ポルトガル人全員で話し合ったとある。その結果、ザビエルは船を使って可能な限り華麗な姿で行くべきだということになり、ザビエルはそれに従わざるを得なくなったとある。最後の一割を海路にした理由もそれなりの説得力をもってきちんと述べられていたのである。

以上の点から、ロドリゲスの描いた海路説は、事実とは異なると判断して良いのではないか。嘘の多い『東洋遍歴記』ではあるものの、ザビエルが布教のために強く希望し、行程の出来るだけ多くの部分を歩く決断をし実行したという部分は、嘘ではなかったものと考えられる。その他にも日出周辺の様子について、ピントの記述は現地を知らなければ記すことができない内容を含んでいると筆者は考えているが、紙幅の都合上ここでは詳細な検討を省略したい。

6　おわりに

こうやって見てくると、ザビエルの海路来豊説を否定することによっていろいろなことが見えてくる。

まず第一に、ザビエルはとにかく歩いて移動することに強くこだわっていたことが確認できた。その理由は彼自身の布教活動に関わる以外には考えられず、ザビエルは日出に碇泊していたポルトガル船に便乗して中国に戻りたいという強い思いがあって豊後をめざしたとされているが、そのような中でも豊後府内までの行程につき安易に海路を選ぶのではなく、可能な限り陸路をとり布教活動に忠実であったことが見えてくるのである。

第二に、大友氏による南蛮貿易に係る補助港としての日出港の姿が垣間見えたことが指摘できる。平戸および長崎での貿易がさかんとなる以前には豊後府内を中心として南蛮貿易が行われ、その補助港として日出港にもポルトガル船が来港し貿易が行われていたのである。その実態は豊後側の史料ではあまり明確には見えてこないが、『十六世紀日欧交通史の研究』や『鹿児島県史』に、一五四〇年代からの日本来港ヨーロッパ船の情報がまとめられている。これらの情報をこまめに辿っていけば豊後での南蛮貿易の全体像も見えてくるものと思われる。ポルトガル船来港の初期には確かに平戸ではなく豊後を目指して来港したポルトガル船が少なからず確認できるのである。

最後に、はじめて豊後府内を訪れたポルトガル人たちが、何故その奥の日出の港を知ることができたのかという点に関してである。その点は、ピント自らも彼らの最初の府内訪問は中国のジャンク船によるものだったと記しているように、当時の日本の地理を知り尽くしていたジャンク船の力を借りてのことだったに違いない。そうした場合、時代はかなり遡るが、日出には島山《しまやま》に古代・中世の港辻間之浦《つじまのうら》があり、そこには白雉年中の中国船難破伝説があるという（萬里図書館ふるさと散歩の会編：一九八七）。筆者は伝説の真偽について未だ確認ができていないが、日出の海は古代から中国との交流がさかんに行われてきた海でもあったのではないか。

参考文献

・岡本良知『十六世紀日欧交通史の研究』（六甲書房、一九四二年）
・松田毅一他訳『東西交渉旅行記全集五　日本巡察記　ヴァリニャーノ』（桃源社・一九六五年）
・池上岑夫他訳『大航海時代叢書X　ジョアン・ロドリーゲス　日本教会史』（岩波書店・一九七〇年）
・『鹿児島県史』第一巻（近藤出版社、一九八〇年復刻）
・脇蘭室「菡海漁談」（久多羅木儀一郎編『脇蘭室全集』双林社、一九八〇年）
・岡村多希子訳『東洋文庫三七三　東洋遍歴記』（平凡社、一九八〇年）
・加藤知弘『ザビエルの見た大分』（葦書房有限会社、一九八五年）
・加藤知弘『海にしずんだ島』（福音館書店、一九八七年）
・萬里図書館ふるさと散歩の会編『ふるさと歴史散歩』（日出町立萬里図書館、一九八七年）
・浅見雅一『フランシスコ＝ザビエル』（山川出版社、二〇一一年）

16

高野山への信仰と参詣の旅路

ムラを訪れる高野聖と西国に旅をする人々

山下真理子

対象地域

東京・和歌山

1　高野山信仰の広がり

和歌山県伊都郡高野町の高野山《こうやさん》には、弘法大師空海が開いたとする金剛峯寺《こんごうぶじ》以外にも数多の寺院が存在する。それらは本寺である金剛峯寺に対して付属する小寺院であることから、一般的には子院《しいん》と呼ばれる。高野山の子院は現在山内に一一七ヶ寺存在し、このうち五一ヶ寺は宿坊を営んでいる。

参詣者が高野山に登拝し、宿泊するといった行為はおよそ平安時代に始まったとされる。空海は承和二年（八三五）に高野山において示寂《じじゃく》するが、その身は高野山奥の院御廟《ごびょう》に祀られ、現在もなお生き続けているとする信仰が生まれた。空海は、釈迦の入滅からおよそ五六億七千万年後に弥勒菩薩が現れるまでの間、衆生を救わんとするために今もなお奥の院御廟で禅定をしていると いう。これを入定《にゅうじょう》信仰といい、天皇・上皇をはじめ貴族たちに広まった。禅定をし続ける弘法大師の徳に肖らんと、彼らはこぞって高野山へと足を運んだ。

その後、中世に入ると、一族の供養を行うため高野山を訪ねたり、勧進を行う者が現れ始めた。高野山の子院の一つである金剛三昧院《こんごうさんまいいん》は北条政子《ほうじょうまさこ》の勧めで安達景盛《あだちかげもり》が奉行となり、建立されたと伝わる。もともと、この金剛三昧院は源頼朝・同実朝の菩提を弔う禅定院《ぜんじょういん》が前身となっており、以後は鎌倉源将軍家の菩提所となった。また、弘安六年（一二八三）に成立した仏教の説話集『沙《さ》石集《せきしゅう》』には、性蓮坊という僧侶が母の納骨のために高野山へ赴いた逸話もある（吉田：二〇二二）。このように、入定信仰の延長として菩提供養を目的とする高野山信仰が広まり始めていった。

一五世紀になると、戦国大名や国衆にも広く高野山信仰が浸透を始める。その信仰を広めたのは、高野山内の子院であった。山内の子院は戦国大名や国衆と師檀関係を結び、彼らの領国を檀那場とした。檀那場とはいわゆる霞場《かすみば》のことで、様々な霊場の勢力範囲を指す。高野山内の子院は各々で檀那場を持ち、懇意とする戦国大名や国衆の後ろ盾をもらうことで、自分たちの勢力範囲を担保された。一方の大名や国衆は子院へ勧進を行い、先祖供養や現世利益を願った。例えば、高野山櫻池院《ようちいん》は戦国期に「鎌倉殿（＝古河公方家《こがくぼうけ》）」を檀越《だんおつ》に加えている。天文七年（一五三八）には、櫻池院が代々の「鎌倉殿」の位牌を祀ると共に「古河五ヶ村」「幸嶋《さしま》四十八郷」「幸手《さって》三十三郷」「太田庄」「久良木《くらき》郡」「橘《たちばな》郡」「江原《（荏）えばら》郡」を檀那場とすることを許されている（天文七年〈一五三八〉櫻池院檀那場証文、東京大学史料編纂所所蔵『影写本　高野山文書』）。これらの檀那場は古河公方家ゆかりの在地寺院や修験の仲介によって、御料所へ広がったとされる（丸島：二〇二四）。結果、古河公方の家臣達も主君に倣って檀那となって、先祖供養を行うようになった。

このようにして高野山の子院は檀那場を確保し、檀那を増やしていくことになるが、江戸時代には新たな領主、藩領が設定されることとなる。旧領主の後ろ盾が無くなるものの、今まで担保されていた檀那場の維持は子院自らがするところとなった。前述した櫻池院の檀那場であると、多くの領民が高野山へ登ったり、先祖供養や逆修《ぎゃくしゅ》（生前供養）の執行の依頼を行っている。江戸時代以降の高野山信仰はおおよそ大名や武士の身分を問わず、檀那場にいる庶民に展開していたと思われる。次項以降で、江戸時代の高野山信仰を紐解いていこう。

2　檀那場を訪問する高野聖

江戸時代には、寺請《てらうけ》制度によって庶民は特定の檀那寺を設定することを義務づけられている。もちろん、檀那場にいた庶民の全てが真言宗寺院に属すことは決してなく、他宗派に属する庶民をつなぎ止めることも重要であったと思われる。高野山の子院同士で檀那場の縄張り争いをするといったことも見られ、村によっては高野山内の二、三の子院が入り組みとなって檀那場を持っていた場合もあった。それぞれの子院は檀那場に高野聖《こうやひじり》を直接を向かわせて、布教活動を行っていた。そして、村の名主や案内人を訪問し、配札をして高野山への登山や先祖供養・逆修を促したり、勧進を募った。ここで、その具体的な活動の一例を史料から見てみよう。

『武州〈児玉郡・多摩郡・榛沢郡・荏原郡・小机領〉廻檀日並記』（高野山高室院文書）

（弘化四年五月二五日条）

一烏山村名主殿江罷越、当村ハ寶塔院江入組之場所成ル故、及示談ニ候得者名主殿被申候者私儀日宗、殊ニ先規ハ親代成ル何角様子不相分ラ、彼是用繁成故、幸イ拙者親類並木半（蕃）七殿世話人之名茂有之事ナレハ彼宅へ御越被下、是ハ新義真言宗信仰之仁体ニ相見、随分親切ニ世話被致呉候様子実ニ頼茂敷人也（後略）

〈読み下し〉

烏山《からすやま》村名主殿《なぬしどの》へ罷《まか》り越《こ》し、当村《とうそん》は寶塔院《ほうとういん》へ入組《いりくみ》の場所《ばしょ》成《な》る故《ゆえ》、示談《じだん》に及《およ》び候《そうら》えば、名主殿申《なぬしどのもう》

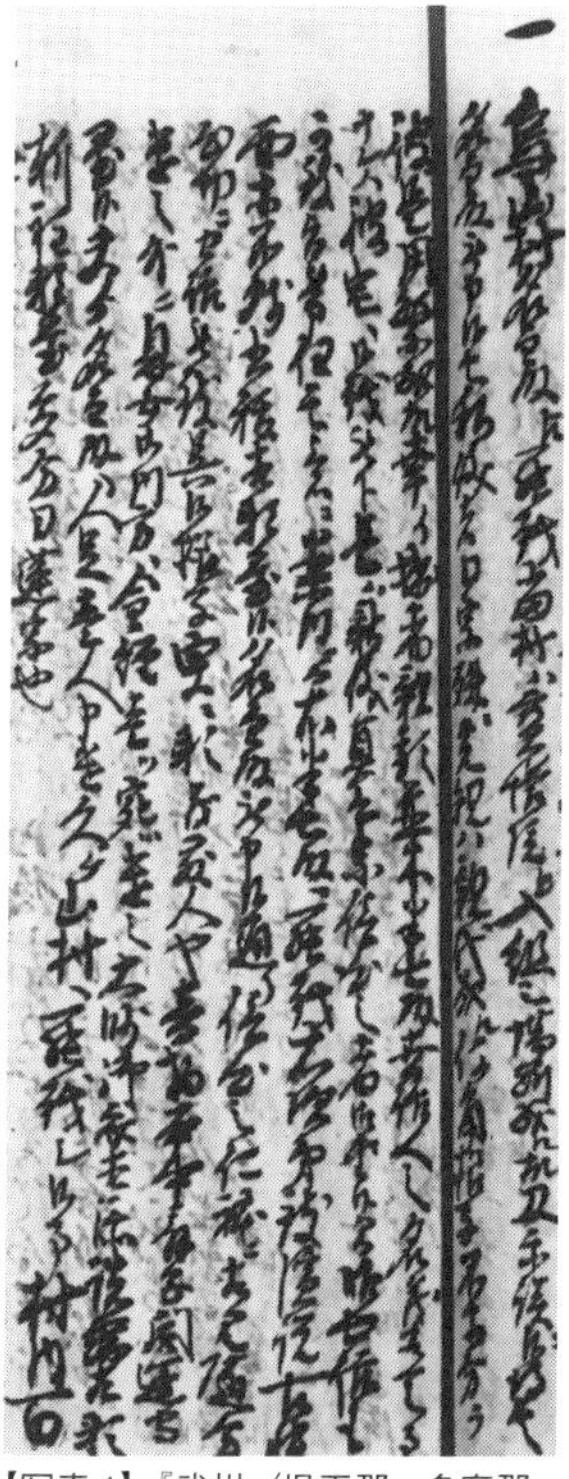

【写真1】『武州〈児玉郡・多摩郡・榛沢郡・荏原郡・小机領〉廻檀日並記』（寒川文書館所蔵写真帳「高室院文書」74－05660）

され候《そうろう》は私儀《わたくしぎ》日宗《にっしゅう》、殊《こと》に先規《せんき》は親《おや》の代成《だいな》る、何角様子《なにかどようす》相分《あいわか》らず、彼是用繁《かれこれようしげ》く成故《なるゆえ》、幸《さいわ》い拙者《せっしゃ》親類並木《しんるいなみき》蕃七殿《ばんしちどの》世話人《せわにん》の名《な》もこれ有《あ》る事《こと》なれば、彼宅《かのたく》へ御越《おこ》し下《くだ》され、是《これ》は新義真言宗信仰《しんぎしんごんしゅうしんこう》の仁体《にんてい》に相見《あいみ》え、随分親切《ずいぶんしんせつ》に世話致《せわいた》されくれ候様子《そうろうようす》、実《じつ》に頼もしき人也《ひとなり》（後略）

右に示した史料は、高室院《たかむろいん》の使僧（高野聖）高見院が烏山村（世田谷区北烏山・南烏山ほか）を訪問した際の記録である。高野山子院の一つである高室院は、戦国時代に北条氏直の帰依をうけて、武蔵・相模・伊豆の三ヵ国に檀那場を獲得しており、多摩郡もその一部であった。しかし右の史料の冒頭には「当村は宝塔院《ほうとういん》の入組である場所であるから」と記されており、烏山村の全てが高室院の檀那場ではなかったようである。高見院は、とりあえず烏山村の名主のもとを訪問したが、名主は「私たちは日宗（＝日蓮宗）である上に、親の代で使僧を迎えた時の様子が分からない。加えて多忙であるから、私の親類である世話人・並木蕃七の居宅を訪ねてほしい。」と答えた。烏山村名主が日蓮宗を理由として協力に前向きでなかったのは、日蓮宗の檀家は他宗派が関与する配札の受け入れに積極的でなかったからである。ちなみに日蓮宗だけでなく、一向宗の檀家も高野聖の受け入れに積極的ではない。日蓮宗・一向宗檀那寺の方針によって檀家の対応が様々ではあるが、中には話をすることすらも拒否をする者もいた（西川：一九九七）。烏山村名主は日蓮宗であることに加えて、多忙やどのように世話をすればよいかわからないことを理由に、使僧の世話をすることを断った。ただ名主は無碍に断ることはなく、自身の親類を紹介した。その親類は新義真言宗の檀家であったようで、親切に世話をしてくれたという。このように、高野山子院は使僧を檀那場に派遣することで、縄張《なわば》りの維持を図っていく様子がみえる。しかし、好意的な者が村にいなければ檀那場を維持する活動は容易いものではなかった。

3　高野山への旅

高野山子院の檀家たちは、一月〜三月の農閑期になると高野山へ直接登拝をしにいくことが多い。ただし、その旅の多くは他寺社の参詣の序でに立ち寄ることが多かったようである。例えば、伊勢参詣が終わったあとに京都や大坂、奈良、四国や中国地方などの名所へ続けて赴くことがある。伊勢詣は「一生に一度は伊勢参り」と言われるように、遠方を旅できる貴重な機会であった。伊勢参詣に向かう者のほとんどは、講の代参者として選ばれた者である。赴くためには莫大な路銀が必要であるため、代参者として選ばれたことを機会として伊勢参詣の帰りがけに名所へ足を伸ばす者が多かった。その足を伸ばした旅先のうちの一つが高野山である。高野山までの旅の過程について、世田谷地域の旅の記録から見てみよう。

喜多見村《きたみむら》の小泉角右衛門は、文化三年（一八〇六）正月初旬に村を出立し、三月の一五日頃に帰国をしている。伊勢へは東海道・伊勢街道を通り、正月一七日の晩に到着した。翌日に内宮、さらにその翌々日に外宮を参拝したあと、朝熊岳金剛證寺《あさまだけこんごうしょうじ》に立ち寄って、熊野道に出ている。そのまま角右衛門は、熊野《くまの》三社《さんしゃ》、那智《なち》の滝、那智山青岸渡寺《なちさんせいがんとじ》、天音山道成寺《てんのんさんどうじょうじ》、雲雀山得生寺《ひばりやまとくしょうじ》、紀三井寺《きみいでら》、根来山《ねごろさん》、粉川寺《こかわでら》に立ち寄り、様々な名所を観光した。そして、高野山の麓にある神谷宿《かみや》へとたどり着いた。角右衛門は、神谷宿より高野山へ登った様子を次ぎのように記している。

文化三年『道中参所附』（旧喜多見村小泉家文書）
一かうや《（高野）》山　かミや《（神谷）》の宿ゟのほれ《（登）》はけさかけ《（袈裟掛）》石と言岩有、此所少行てねち岩とてねちりたるいわ《（岩）》あり、つきにおしあけ《（押上）》岩とて大岩、此岩の下に法《（弘）》ほう大師の御て《（手）》のあとあり、此紀州口に大門有、内仁王あり、中の門多聞・ひしや《（毘沙）》門、御本社・四社大明神、弘法大師の御ミ《（マヽ）》えいだう《（影堂）》前ニ大塔あり　十二間四めん《（面）》なり、二重□《（塔カ）》、こんとう《（金堂）》・くじくとう《（孔雀堂）》・しやろ□六角とう、奥の院御ひやう《（廟）》所万灯□《（籠カ）》むミやう《（無明）》のはし《（橋）》其外とう《（塔）》多シ、此外石塔多有、かす《（数知）》しれす

角右衛門は神谷宿から高野山へ登る際、現在の町石道を通ったようで、道中にある袈裟掛石、ねぢ石を通り、弘法大師が押し上げて手形がついたとされる押上石を見た。いよいよ高野山の大門にたどり着き、両脇の仁王（金剛力士像）を見学した。山内へと足を踏み入れた角右衛門はまず壇上伽藍に足を運び、入口の中門脇の多聞天と毘沙門天（持国天か）を見た。伽藍内にある四所明神《ししょみょうじん》を祀る明神社を参り、御影堂の前で根本大塔《こんぽんだいとう》を拝した。その根本大塔は一辺一二間で、二重塔であった。その後同じ伽藍内の孔雀堂、六角塔（六角経蔵か）を観光したあと、奥の院へ向かった。

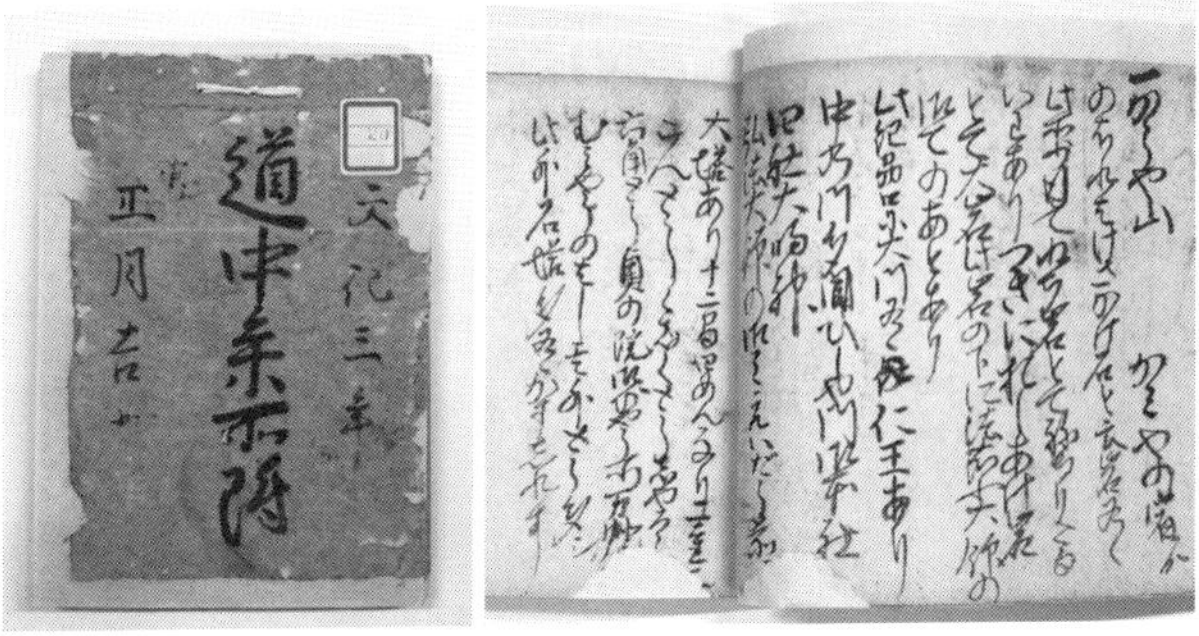

【写真2】『道中参所附』、世田谷区立郷土資料館所蔵

奥の院の御廟所には万灯籠（灯籠堂か）、無明橋（御廟橋）があり、そのほかにも塔が多くあった。この他にも数知れないほどの多さの石塔があったと記している。この多数の石塔は、御廟橋に至るまでの大名家や高僧の供養塔などであろう。角右衛門は高野山の風景がよほど印象に残ったようで、高野山で何を見たのかについて、他所を観光した時よりも多くの記録を取っている。

角右衛門の旅の様子を見ると、観光を重視していたようだが、先祖供養を目的に登拝する者たちもいた。天保六年（一八三五）、等々力村の豊田惣左衛門は代参者三〇名と共に伊勢参詣へ向かった。二月二八日に伊勢参詣を終え、御師の下を出立した翌日、三〇名のうち二二名はそのまま西国への観光のため大和へと旅立った。惣左衛門は大和を廻ったあと、三月六日には高野山へとたどり着いている。その際惣左衛門は宿坊とした櫻池院に、先祖供養として「月牌《がっぱい》」を依頼している（天保六年『伊勢参宮日記』、等々力村豊田惣治家文書）。「月牌」とは、毎月故人の月命日に供養をする位牌である。安政六年（一八五九）時、櫻池院の祈祷料定書によると、月牌は「大月牌」と「月牌」の二段階に分かれ、それぞれ「金二歩弐百文」と「金壱歩百文」いう値段が付けられている。この時櫻池院に泊まったのは惣左衛門だけでなく、他にも同行者がいたようで、櫻池院の供養帳には、惣左衛門以外にも七名の等々力村からやってきた依頼者の名が見える。等々力村の人々は江戸時代を通じてとりわけ高野山に登拝することが多い。庶民たちの中には観光も楽しむ一方で、遠方の地で先祖供養のため大枚をはたくことを厭わない者もいたのである。

もちろん、この祈祷料以外にも伊勢参詣ほか西国への旅行者は、多くの路銀を消費している。講の代参者であればある程度路銀が支給されるけれども、大半は自費負担をすることになる。角右衛門と同じ喜多見村出身の国三郎という者が、弘化二年（一八四五）に伊勢参詣へ出かけた。国三郎は旅日記の中で、道中の宿泊費や食費、わらじ等の消耗品費ほか、旅で掛かった費用の金額を記録している（弘化二年『伊勢参宮覚』、喜多見村田中家文書）。さらには路銀を一分金・二朱金で携帯し、小銭が無くなると現地で両替をしていたようで、国三郎は両替した場所と相場を記帳している。国三郎はこの時の旅で合計五両二分を両替しており、これらは道中の支出額に相当する（池上：一九八四）。時代によって費用の相場価格や旅行者が何にお金を使うかで変動するものの、西国へ出かけるためにはこれだけの費用が必要であったといえる。

4　おわりに

高野山の子院に残る史料や、旅の記録から江戸時代の高野山信仰のあり方を紐解くと、人によって信仰の受け止め方は様々であったことがうかがえる。

遊山としての楽しみに重きをおく人がいる一方で、先述の惣左衛門のいた等々力村では高野山信仰が厚かった形跡が見えた。櫻池院に残る登山帳を見ると、初出の正徳二年（一七一二）から慶応四年（一八六八）まで延べ二五九名もの等々力村の住民が記されている。その全てが伊勢参詣のついでであるか否かは判断がつかないが、彼らは高野山への登拝を重視していた（山下：二〇二四）。庶民にとって、高野山への旅は一生に一度の娯楽であるとともに、巡礼の旅路でもあったのである。

参考文献

・池上博之「〈解説〉世田谷の伊勢講と伊勢道中について」（世田谷区教育委員会編『伊勢道中記史料』世田谷区教育委員会、一九八四年）
・和多昭夫「平安時代の高野山参詣記について」（『印度學佛教學研究』一五号、一九八七年）
・西川武臣「高野聖の布教活動」（寒川町編『寒川町史10　別編寺院』寒川町、一九九七年）
・吉田政博「戦国期武蔵国における高野山信仰」（『戦国期の宗教と社会』吉川弘文館、二〇一二年）
・村上弘子『高野山信仰の成立と展開』（雄山閣、二〇〇九年）

・丸島和洋「高野山櫻池院供養帳の世界」（『区史研究世田谷』四号、二〇二四年）
・山下真理子「世田谷地域における高野山信仰の展開」（『区史研究世田谷』四号、二〇二四年）

17

祭りからみる修験霊山の神道化とその実態

『神社日誌』から読み解く祭りの変遷
——英彦山神社神幸祭の事例から——

須永　敬

対象地域

福岡

1　はじめに

『日誌』や『日記』は、公的・私的な出来事を記した貴重な資料として、歴史学・民俗学分野で多用されている。「地方史はおもしろい」シリーズを振り返っただけでも、藩校日記、大名の旅日記、漁業日誌など、さまざまな『日誌』『日記』を扱った論考がある。近年では博物館の展示や自治体史等で『日誌』『日記』資料が活用される事例も増えている。歴史上の出来事や日常生活について、当事者たちがいかに考え、いかに振る舞っていたのか。同時代資料である『日誌』『日記』はその状況を克明に教えてくれる。また、個人ではなく、機関や組織において記された『日誌』には、「書き継がれる」という特長がある。数十年、あるいは百年以上にわたって書き継がれた記録は、定例的に行われる行事の変遷を知る上で極めて有効な資料といえる。

本章で取り上げる英彦山《ひこさん》（福岡県田川郡添田《そえだ》町）は、近世までは西日本最大の修験霊山としてその威勢を誇っていた。しかし、幕末維新期に神道化の道を選び、英彦山霊仙寺《りょうぜんじ》は英彦山神社と改

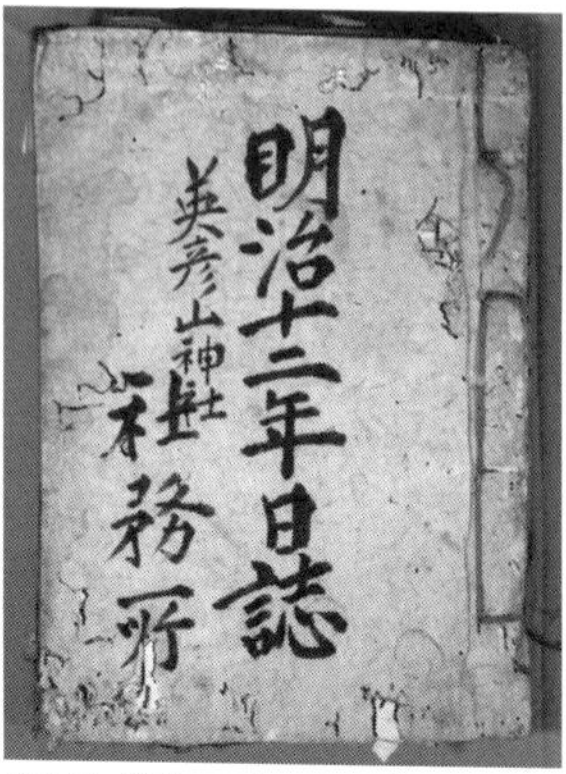

【図１】明治 12 年（1879）英彦山神社日誌

められ、座主《ざす》は宮司となった。このような神道化後の近代英彦山を知る上で、神社に残された『神社日誌』（以下『日誌』と略す）は第一級の資料である。

現在の英彦山神宮（一九七五年に神宮と改称）には、若干の欠年はあるものの、明治一二年（一八七九）以降現在までの『日誌』が所蔵されている。『日誌』には、これまで全く知られていなかった英彦山の歴史と、旧修験者たちの営為が明瞭に記されており、まさに情報の宝庫といえる。本章では、明治一二年から昭和三〇年（一九五五）までの『日誌』の記述をもとに、英彦山神社「神幸祭《じんこうさい》」実施の実態と、その変遷を明らかにしてみたい。

2　神社祭祀のなかの「官」と「私」

英彦山神社は明治四年（一八七一）に国幣小社となり、明治二三年には官幣小社へと昇格した。国家神道体制下における国幣社・官幣社と聞くと、いかにも裕福かつ権威あるように思えるが、その実情は厳しいものであった。

たとえば、幕末の英彦山には二七〇坊を超える修験者が存在していたが、明治一二年の『日誌』

【表1】英彦山神社の主な祭礼行事（明治12年頃・網掛け太字は「私祭」）

実施日	祭祀名
毎月1・15日	式日祭
正月3日	元始祭
正月30日	孝明天皇祭
2月11日	神武天皇紀元節
旧暦2月15日	**御田祭**
3月春分	春季皇霊祭
3月下旬〜4月上旬（不定）	***祈年祭***
4月3日	神武天皇祭
旧暦4月15・16日	**神幸祭**
6月30日	大祓式
旧暦6月14日	**摂社下津社・智室社例祭**
9月23日	秋季皇霊祭
9月28日	***例祭***
旧暦9月28・29日	**摂社高住神社神幸祭・還幸祭**
10月17日	神嘗祭
11月下旬〜12月上旬（不定）	***新嘗祭***
12月31日	大祓式・除夜献饌

に記された神社定員は、宮司・禰宜《ねぎ》・主典《しゅてん》各一名、そして臨時雇人二名（後に一名に減員）であり、それ以外の旧修験たちは単なる一氏子となってしまった。広大な旧修験霊山をたった四〜五名の神職だけでどう守り切れというのであろうか。

このような状況においても、英彦山神社はその務めを果たすべく祭礼行事をとり行った。試みに、明治一二年頃の主な祭祀を表で示すと表1のようになる。

このうち、祈年祭・例祭・新嘗祭（表の太字・斜体部分）は明治六年に「官祭」と定められ、国家神道体制において最も重視された祭祀であった。「官祭」の範囲は後に、皇室祭祀と連動して行われる祭祀（元始祭・孝明天皇祭・神武天皇紀元節・春季皇霊祭《こうれいさい》・神武天皇祭・秋季皇霊祭・神嘗祭《かんなめさい》・新嘗祭《にいなめさい》・大祓式・除夜献饌）までも含むものと考えられるようになった。

全国の神社が同じ日時に一斉に祭祀を行う点が、国家神道の肝要とされていたため、これらの祭祀は、原則的には新暦で統一・実施された。ただ春季皇霊祭のみ、春分の日に行われるためその年によって祭日が異なる。また、祈年祭と新嘗祭がいずれも「不定」となっているのは、英彦山神社が遠隔地にあるため、幣使（幣を捧げる公人）の都合に合せて、毎年祭日を調整したためである。

一方、「私祭」と呼ばれる祭礼群もある（表の網掛け太字部分。御田祭《おんださい》・神幸祭《じんこうさい》・摂社下津社・智室《ちむろ》社例祭・摂社高住《たかすみ》神社神幸祭・還幸祭）。これらは修験時代の祭礼行事の流れをくむ英彦山神社独自の祭りで、いずれも旧暦で行われている。「私祭」の実施にあたっては事前に県知事と管轄警察に「私祭届」を提出した。国幣社・官幣社にも「私」と区分された祭りがあり、その実施にあたっては毎回届出が必要だったのである。

この「私祭」であるが、明治六年の太陽暦（グレゴリオ暦）への改暦を承け、明治八年からの数年間は新暦で行われていた形跡がある。たとえば神幸祭について、旧暦での実施を県庁へ願い出た「伺書」の写しが『日誌』（明治一二年一月一四日）に記されている（以下、史料中には、便宜上句読点や注を筆者が付した箇所がある）。

私祭伺書

英彦山神社私祭之儀、明治八年ヨリ四月十九日廿日ニ執行候得共《そうらえども》、土地民間ノ差支《さしつかえ》モ往々有之候ニ付、自今《じこん》従前ノ通、四月五月ノ間ニ農間ヲ見合、臨時私祭神幸《じんこう》執行度《たく》、此段奉伺候也。

明治十一年九月

英彦山神社宮司

高千穂有綱

福岡県令　渡辺清殿

（以下朱筆）

書面伺之趣《おもむき》聞置候事

但祭典ノ当日ハ前以可届出事

明治十一年九月十六日

福岡県令　渡辺清（角印）

「土地民間の差支え」を理由として、農間に祭りを行いたいというこの届出からは、農業暦と連動していた修験時代の旧暦祭祀に復することによって地域の信者や参拝者の便宜を図り、人々の信仰心を繋ぎ止めようとした英彦山神社の意思を読み取ることができる。この願いは聞き届けられ、明治一二年からの神幸祭は先述の通り、旧暦で実施されることとなった。

3　英彦山神社神幸祭と「古典復古」

ここからは「神幸祭」という一つの祭りに焦点をあて、祭りの変遷を具体的に紹介しつつ考察を加えていきたい。

英彦山神社の神幸祭は、本来「松会《まつえ》」という修験時代の大祭礼の一部であった。松会とは、旧暦二月一四・一五日にかけて、惣方（神事担当）・衆徒方（仏事担当）・行者方（修験担当）の修験者により、一山を挙げて行われた英彦山最大の行事であり、近世には九州一円より六〜七万人の参拝者が詰めかけたという。だが、修験廃止による神道化により、仁王経会・峯入りなどの仏教的・修験的行事は廃止され、御田や神幸など神道的要素が強い行事のみを残し、かつ旧暦二月と三月の二度に分けて行うことになった。

明治初年の神幸祭は、修験時代に奉納されていた諸芸能を廃し、神事を中心に執行されていた。たとえば明治一四年（一八八二）の神幸祭記事をみてみると、四月一二日には奉幣殿（旧霊仙寺講堂）にて型どおりの神事ののち、神幸が執り行われ、午後五時に御旅所での神事があった。翌一三日は神事ののち神輿が奉幣殿へと還幸、神事ののち流鏑馬《やぶさめ》が行われ、直会《なおらい》を経て終了という、誠にシンプルな行事であった。ところで、同記事の跋文《ばつぶん》（後書き）には次のように記されている。

新已来《いらい》、惣社中廃官ヨリ私祭ノ規約漸《ようや》ク乱雑ニ相成、既ニ昨年ヨリ本年ニ至リテハ伶人供奉《れいじんぐぶ》ヲ始メ祭事掛《かかり》等不参或ハ遅参ノ向《むき》有之カ為《た》メ、畏《かしこ》クモ神幸ノ時刻遅延ニ及フノミナラス不行《ふゆき》

【図2】現代の英彦山神宮神幸祭（還幸の様子）

届不尠《とどきすくなからず》、実ニ神慮《しんりょ》ニ対シ恐入《おそれいる》次第（下略）

惣社中廃官、即ち修験者たちが一氏子身分となって以降、祭事への取組みが緩みきっていることを嘆く様子が伝わってくる。その後神社では議を開き、村会において厳密な罰則を設けることを約束して散会している。翌一五年記事には罰則の効果があったのだろうか、特にトラブルは記されていない。ところが一六年の神幸祭記事には、財政難と雨天によるのか、参列者が例年の一〇分の一に減じ、「古今かつてなきことなり」と記されている。

そこで英彦山神社は一計を案じた。神幸祭に修験時代の芸能を再興しようと動き出したのである。その演目は、拍板《びんざさら》行事・御神楽・獅子舞・鉞《まさかり》行事・長刀《なぎなた》行事。旧修験者たちがこれらの練習に励むとともに、崇敬者から装束の寄付を受けたり、神輿休めの新調を行うなど準備を進め、翌一七年は「古典復古私祭」として往年の芸能を復活させた。すると同年は「存外之《ぞんがいの》群参」。ねらいは見事に当ったのである。

その後も、くじ引きによって鷹の像（鷹は英彦山権現の使わしめとされる）を授与する「鷹換式《たかかえしき》」の再興（明治二五年）、氏子の子女たちによる「八乙女《やおとめ》神楽」（修験時代の彦一坊《ひこいちぼう》神楽のリメイク）

の実施（同二六年）など、次々と新企画――というべきか、リバイバルというべきか――を打ち出していった。参拝者も次第に増加していく傾向にあった。

4　新暦改定

しかし、そこにまた大きな転機が訪れた。明治四三年（一九一〇）、官暦の旧暦記載が無くなったことを契機に、旧暦で行っていた私祭を、新暦に合せた「月遅れ」で実施することとなったのである。平山昇は西宮《にしのみや》神社（兵庫県西宮市）の神社日誌の分析から、この年の官暦改定が「新暦改定」「旧暦廃止」と受け取られ、祭日が一気に新暦へと移り変わった事実を分析しているが（平山二〇一二）、同様のことはここ英彦山神社においても確認することができる。その結果どうなったか。何とその年の神幸祭（新暦四月一一・一三日）参拝者は、例年の一〇分の一ほどに減少してしまったのである。逆に、旧暦祭日の三月一四・一五日にあたる四月二四・二五日には、参拝者が多数詰めかけた。英彦山修験の旧檀那や参拝客に旧暦への変更が周知されていなかったためであろうか。そうでないことは、その後の神幸祭でも旧暦の祭日に参拝者が多く見られ、新暦祭日の参拝者減少を嘆く記事が続くことが如実に示している。大正四年（一九一五）や同七年の記事に至っては「陰暦に逆戻るの状況」にあると記されている。祭りが行われている日に参拝者が少なく、祭りが行われない旧祭日に参拝者が群参する状況に、神社側も旧祭日は人員を増員して守札《もりふだ》の授与や祈願にあたるという倒錯した対応に迫られた。民衆にとって、神幸祭は農業暦と対応した一大イベントであり、それは「英彦山講《ひこさんこう》」や「英彦山参り」という地域の民俗行事とも連動していた（須永：二〇一七）。前節では、明治一二年の旧暦復活の例を紹介したが、このような生活に根ざした伝統は、約三〇年後の新暦改定においても、やはり揺るがぬしぶとさを持っていたのである。

5 観光・産業・戦争

大正一二年（一九二三）を過ぎたころから、新暦祭日であっても参拝者が多い年が見られるようになる。新暦祭日が定着してきたのにはいくつかの理由があろう。

一つは観光化の進展である。英彦山登山道が改修され、車馬が参道銅鳥居《かねのとりい》まで通行可能となったのは大正六年のことであった。大正一三年には宝物陳列場を新設し、参拝者に公開することになった。当時の『日誌』には、参拝者が多い年の理由として「桜満開」「花の神幸」など、桜見物と神幸とを結びつけた記述も見られるようになる。

また、この時期から、筑豊《ちくほう》地域の一大産業である炭鉱の関係者や、軍人の参拝が増加しているのも目を引く。

炭鉱員参拝の記録は明治末期からみられるが、このような炭鉱関係者の願いに応じる形で、昭和一一年（一九三六）には「鉱山安全祈願祭」（四月一日）が開始された。この祭礼は今日も「産業安全祈願祭」（四・七・一一月）として引き継がれている。

明治三八年（一九〇五）には神幸祭に合せて「豊前国神職協同皇軍全勝祈願祭」が三日間にわたって執行され、日露戦争の戦勝祈願が行われた。意外の群参であったと記されている。その後も、武運長久を祈願する軍人たちが頻繁に参拝するようになる。

観光客・炭鉱関係者・軍人と、この時期の英彦山神社は参拝者・崇敬者層の拡大を図った。生活が近代化された人々にとって、新暦祭日は都合が良いものであったろう。

昭和一五年以降は、毎年参拝者が多くなり、神幸祭も賑わってきた。昭和一七年からは、毎朝行われる「日供祭《にっくさい》」が「日供祭必勝祈願祭」に変更され、神幸祭では近隣の神楽集団による岩戸神楽の奉納も始まった。この年の八月には国鉄彦山駅が開設され、鉄道とバスを利用した参拝が行われるようになる。翌昭和一八年には御旅所で祭礼関係者たちが一晩を明かす「全員通夜《つや》」も始まった。

ところが、翌一九年の神幸祭初日は「社頭閑散」。翌日は晴天となり参拝者は増えたものの、例年駕輿丁《かよちょう》を勤めていた松末《ますえ》村青年団も都合により出仕を取りやめた。さらに昭和二〇年になると「駕輿丁人員不足」となる。神輿の担ぎ手となる年代の男性が戦地に赴いた結果、神幸の実施が困難になっていた様子が窺われる。そこで窮余の一策として、なんと参拝者に駕輿丁の助勢を求めることになった。四月一五日の『日誌』には、つぎのようにある。

空襲モナク桜花爛漫《おうからんまん》ト咲キ誇リ、近来ニナキ参拝者ニテ参道ヲ埋メ尽クシ、戦捷《せんしょう》ヲ祈念スルニ相応《ふさわ》シキ神幸祭ナリ。

桜のせいか、多くの参拝者が集まり、神輿の渡御も参拝者の手を借りて何とか行うことができた。戦捷記念の神幸祭とあるが、この四ヶ月後に日本は敗戦を迎える。

6 戦後の神幸祭

敗戦後も神幸祭は毎年執り行われた。参拝者数の記載がない年もあるが、雨天の日を除いては賑わっていた様子である。昭和二五年（一九五〇）「耶馬《やば》日田英彦山国定公園」に指定されたことによりレジャー客や登山客も次第に増えてきた。

また、昭和二三年には「大護摩《おおごま》奉納余興」が演目に組み込まれている。神事や仏事でなく、あくまで「余興」という位置付けにしているのが面白い。戦後まもなく修験的要素を祭礼に取り組もうという動きがみられるのである。あいにくの雨のため中止となってしまい、翌年以降は沙汰止みとなってしまったが、もしこの日が晴天で、同行事の執行がその後も続いていたら、英彦山修験復興の歩みもまた異なっていたかもしれない（須永：二〇二五）。

昭和二九年の神幸祭は、英彦山神社二千年奉祝大祭（四月一三～一六日）の一環として行われ、一六日には氏子仮装行列も催された。天候にも恵まれ予想外に参拝者が多かったと記されている。

そのような中、興味深い記述がある。昭和三〇年四月一五日、豪雨の中行われた神幸祭において、小石原《こいしわら》・松末青年団から英彦山神社へ、次のような申し入れがあったのである。

一　神幸に関する雑件

小石原、松末青年団代表七名、御還幸直前、左記の通り申入れをなす

一、雨天の為《ため》、平年より困難が多いので、団員より酒五升出して呉《く》れとの要望あり、代表として来た

二、豪雨の為帰る事が出来ぬので崇敬者会館に宿泊さして呉れ　人員七十名

これに対して神社側は、一の要望については酒四升を出し、二の要望については修道館泊として夕刻に米一斗を与える、ということで話を付けた。『日誌』には「例年次々と要求して来る事については社務所としては一考要する問題である」と懸念しており、駕輿丁たちの要求がその年に限ったことではなかったことが窺われる。また、同年の還幸では、神輿による花山・天満屋両旅館のガラス破損事故も起きている。例年にない豪雨とはいえ、これまでも雨の神幸祭は幾度も執り行われている。また、同じ日に奉仕した岩戸神楽一行は雨の中帰宅しているのである。還幸に際して、駕輿丁たちが神社に条件提示を行うという、当時の世相を映し出すような出来事であった。

7　おわりに

以上、本章では、英彦山神社所蔵の『日誌』のなかから、毎年春に行われる「神幸祭」の記述と、祭りの移り変わりを紹介してきた。明治一二年（一八七九）から昭和三〇年（一九五五）という、七六年間におよぶ祭礼記事は、他に代えることのできぬ定点記録群であり、そこから、時代状況による神社と人々との関係性の変容を窺うことができた。

英彦山神社は、時には修験時代の行事や芸能を復活させ、旧檀那や崇敬者たちを祭りにつなぎ止めようとした。新暦導入など時代の変化にあたっては、観光客・鉱員・軍人といった新たな崇敬者層の獲得に努めた。また、戦後は祭りの担い手の意識変化についても配慮するようになった。それぞれの時代状況に対応しながら、祭りの内容や形式を変容させていったのである。

ただし、このような変化を一歩引いて見ると、通時的な要素もまた浮かび上がってくる。『日誌』の神幸祭記事に一貫して認められるのは、参拝者数の増減に機敏に反応する神社側の態度である。祭りに賑わいを取り戻したい。この一念が、祭りの復古と創造、そして変容の原動力となっているのである。そしてこれらは近代のみならず、現代の英彦山にも通底する課題としてあり続けている（須永：二〇二五）。

最後に、『日誌』資料の特性と取り扱いの注意を記そう。『日誌』の記述は概して簡潔なため、関連資料や前後の記述を読みこんで初めてその記述の意味や重要性を理解することができる。また、

『日誌』はあくまで作成者側の資料であり、異なる立場からすればまた異なった歴史の姿も見えてくる（須永：二〇二二）。これらの資料的特性について、本章では紙幅の都合上十分な検討を加えることができなかった。今後の課題としたい。

また、本章では一つの祭りのみを取り上げて検討したが、このような祭礼の歴史だけでなく、宗教制度史・産業史・交通史・観光史・災害史・民俗宗教史など、さまざまな視角から『日誌』を読み解くことによって、全く新たな歴史像を描き出すことができるであろう。また、各神社が所蔵する同様の『日誌』の比較を行えば、これまでにない現場目線からの近代神社史を描き出せるに違いない。『日誌』資料の可能性は無限である。

参考文献

・平山昇『鉄道が変えた社寺参拝』（交通新聞社新書、二〇一二年）
・須永敬「記録からみる英彦山参りの現在―英彦山神宮所蔵『年参り（代参・祈願）団体名』の分析から―」（白川琢磨編『英彦山の宗教民俗と文化資源』木星舎、二〇一七年）
・須永敬「英彦山と神理教―教祖佐野経彦日誌の分析から―」（『九州産業大学国際文化学部紀要』七七号、二〇二一年）
・須永敬「失われた〈修験道〉を求めて―現代英彦山における修験復興運動について―」（小川直之編『伝承文化研究の現代的課題』清文堂出版、二〇二五年刊行予定）

第6部　これからのアーカイブズの話をしよう

18

人も資料も移動する

武家の北海道移住とアーカイブズの移動

——亘理《わたり》伊達家中村木《むらき》孝英《こうえい》の近世・近代——

三野行徳

対象地域

北海道・宮城

1　明治維新と海を渡ったアーカイブズ

ここに一通の古文書がある。差出人は（伊達）政宗、宛名は安房《あわ》殿（伊達成実《しげざね》）である。この古文書は、現在、北海道に伝来している。伊達政宗・成実だけでなく、片倉景綱《かげつな》や上杉景勝《かげかつ》、本庄《ほんじょう》繁長《しげなが》や柿崎景家《かきざきかげいえ》など名だたる戦国武将の古文書が、北海道に伝来している。といっても、これら戦国武将がかつて北海道にやってきた、という話ではない。これらの古文書が海を渡ったのは明治維新後のことで、持ち込んだのは戦国武将や大名、その家臣の子孫たちである。なぜ、二〇〇年以上前の記録が、戊辰戦争の敗戦という御家存亡の危機のなか、海を越えて持ち込まれたのだろうか。人や集団の移動に伴ってアーカイブズも移動するという見落とされがちな論点を、亘理伊達家とその家臣の事例を通して考えてみたい。

亘理伊達家は、伊達政宗の側近として知られる戦国武将伊達成実を家祖とする武家で、仙台藩伊達家中において、一門第二席の地位にあった。慶長七年（一六〇二）に成実が亘理郡亘理要害《ようがい》（現宮

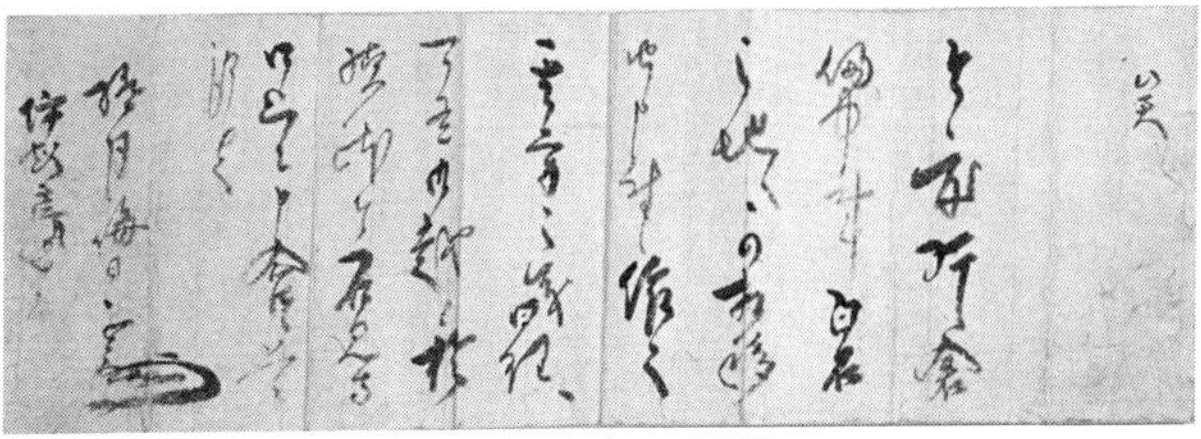

伊達政宗書状（だて歴史文化ミュージアム所蔵）

城県亘理郡亘理町）の主となり、仙台藩伊達家中にあって二三〇〇〇石余、三八か村を領有した。以後、仙台藩重臣として代を重ね、幕末の当主邦成は一四代となる。しかし、仙台藩は戊辰戦争に敗れ、六二万石の領地は一旦召し上げのうえ、二八万石へと削減される。邦成が領有していた亘理郡は召し上げられ、邦成を含む一門の家禄は一律一三〇俵（五八石）まで削減された。一三〇俵では一三〇〇家からなる亘理伊達家の家臣を養うことはできない。そこで打開策として見いだされたのが、新たな領地―北海道への開拓移住である。移住を決意した邦成は、移住を目前とした家臣たちに対し、かつて家祖成実は亘理郡を下賜されたさいに「先祖安房守成実、宇多・亘理二郡に於《おい》て一千三百三十二戸の旧臣共郷村に土着せしめ兵農兼ね、風雨寒暑に身を曝《さ》らし、艱難《かんなん》に耐え忍び候様」と述べ、亘理伊達家中が兵農を兼ねて亘理郡を拓いた歴史―記憶を呼び覚ます。そして「縦令《たとい》蝦夷地猛寒の地に候共相堪《あいた》え申すべく」と移住への決意を述べる。邦成は移住にさいし、亘理伊達家に伝来するアーカイブズの選別を行い、一部を北海道へ持ち込み、残りは移住資金のために売却したと伝わる。こうして新たな領地である北海道（有珠《うす》郡）に、亘理伊達家に伝来したアーカイブズが持ち込まれた。持ち込まれたのは伊達成実ゆかりの武具や伊達政宗書状など、仙台藩重臣亘理伊達「家」の正統性・アイデンティティを示すものを中心とし、江戸時代の亘理伊達家の歩みを記す記録群などが含まれる。冒頭で見た政宗書状は、この時、家の成り立ちを示すモノとして、選別され持ち込まれたものである。亘理伊達家資料のなかでも政宗ゆかりのものは一一七点を数える。亘理伊達家の存立にとって如何に政宗の由緒が重要だったかがわかる。

亘理伊達家中の北海道移住は、明治三年（一八七〇）正月の第一回二二〇名余にはじまり、明治一四年まで合計九回行われた。この間、明治四年の廃藩置県を受け、北海道の分領支配（北海道の各地を大名や士族が分割支配する仕組み）も明治五年には終わりを迎える。有珠郡の領主としての亘理伊達家も同時に役割を終えるが、その後も、亘理伊達家を紐帯とした亘理から有珠郡への移住が続いた。亘理伊達家の家臣達は、亘理に残って帰農するか、生計の途が保証されない移住をするかの選択を迫られ、移住を決断した者は、順次海を渡ることになった。そして、移住にさいし、江戸時代以来継承してきた家に伝わるアーカイブズの選別を行い、限られたモノを北海道に持ち込むのである。

2　亘理伊達家中村木家と持ち込まれたアーカイブズ

ここでは、移住時の邦成の側勤めをしていた村木孝英を通じて、家臣団にとっての明治維新と北海道移住とは何だったのかを考えたい。

村木家文書に残された「村木氏家譜」によると、亘理伊達家中村木家は、初代村木美濃《みの》が伊達実元《さねもと》に奉仕したのをそのはじめとし、実元嫡男成実に仕えて大坂の陣にも従軍し、慶長七年（一六〇二）の亘理入封にも同行したという。美濃は亘理で小堤村上小路八幡小路に屋敷を拝領し、貞享三年（一六八六）七月八日に逝去する。北海道移住時の当主孝英（逸覚《いっかく》・逸角《いっかく》）は村木家の九代目にあたる。村木家文書に残された近世文書は九〇点であり、おそらく、孝英は自家に伝わるアーカイブズのなかから、この九〇点を選別して持ち込んだと思われる。

村木家文書のなかで多く残されているのは、七代逸平に関わるものである。逸平は、父逸覚の部屋住時代の文化九年（一八一二）、御用水上役《おんようすいうわやく》からの異動願を提出するところから名前が見られる。文政三年（一八二〇）頃からは御用人として名前が現れ、その後出入司《しゅつにゅうのつかさ》金穀掛《きんこくがかり》へ昇進する。亘理伊達家一二代当主宗賀《むねよし》が仙台詰を命じられると、仙台へ同行し、亘理伊達家の財政改革を担う。なかでも、仙台藩とかけあい、仙台藩の蔵元から二〇〇〇両の借金に成功したことは、逸平の大きな功績だったようだ。そのほか、亘理伊達家の金策に大きな手腕を発揮した様子が、村木家文書から見て取れる。逸平が関わった財政改革については、文政八年に出入司が立案した「御倹約御定書」や、天保三年（一八三二）の塩田の開発などの記録も残されており、逸平が財務官僚と

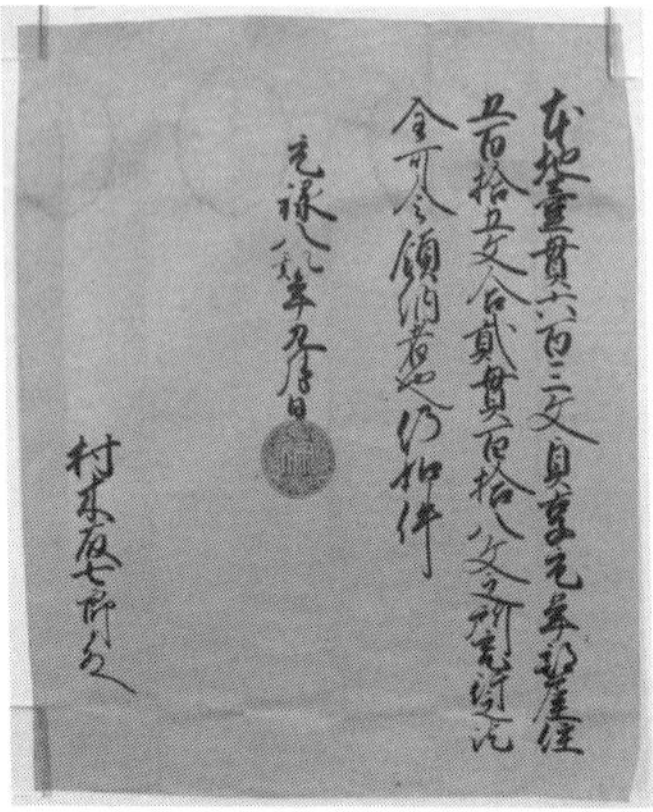

村木家知行宛行状（膽振山大雄寺所蔵）

して亘理伊達家の家政改革を担う一員であったことがわかる。孝英は移住にさいし、村木家のなかでも優秀な財務官僚であった祖父逸平のものを選択したのだと思われる。

村木家文書中もっとも古く、村木家でも重要文書として相伝されてきたと思われるのは、元禄八年（一六九五）九月及び宝永五年（一七〇八）の知行宛行《あてがい》状（判物《はんもつ》）であろう。これによると村木家は、初代美濃は一貫六〇三文を宛がわれ、その後、二代十郎右衛門が部屋住として拝領していた五一五文を併せ、二貫一一八文を代々宛がわれていた。判物とは、文字通り、この内容を保証するべく、日付の下に主君の判が押されている文書である。すなわち、知行宛行状は、主君から知行を与えられ、主従関係を結んでいたことの証である。江戸時代に亘理郡で知行を与えられていたことを証明するこの記録は、移住先の有珠郡では何の効力も持たない。しかし、自家が亘理伊達家中の武家であったことを示す、何よりのものだったのである。亘理伊達家が政宗文書を持ち込んだことも、亘理伊達家が仙台藩伊達家と主従関係をむすんでいたことの証であり、近世社会における知行宛行状と、判物が象徴する主従関係の持つ意味を示唆している。さらに、この証は、生産・生活手段が確立していない北海道への開拓移住という亘理伊達家・村木家の非常事態を乗り越えるには、亘理伊達家との主従関係の記憶、それを証明する記録が欠かせなかったことを物語っているのではないか。

3　村木孝英の近世・近代

村木家九代孝英は、天保九年二月に八代恭之介の子として生まれた。亘理伊達家中の有珠郡移住にさいし、村木家は主君邦成とともに明治四年二月の第三回移住で北海道に渡っている。三四歳の孝英は、妻貞、母伊勢と二人の子供、弟とともに移住している。移住前後の時期、孝英は御近習目附として邦成の側勤めをしていた。廃藩置県に伴い、亘理伊達家の支配する有珠郡も明治五年五月に開拓使に引き継がれ、近世的な「家」としての「亘理伊達家」は、このとき解体を余儀なくされる。「亘理伊達家」解体後、当主邦成や重臣田村顕允《あきまさ》は、開拓使の地方官となって北海道の地域支配に従事することになる。このとき、邦成は旧家臣団のなかからさらに数名を開拓使に登用することを建言し認められ、孝英も開拓使に出仕する。以後の孝英の経歴を、村木家文書に残された履歴からまとめておく。

明治五年四月六日　　開拓使二等附属建築橋梁掛

明治六年四月二二日　　有珠郡伍長

明治七年九月三〇日　有珠郡副総代
明治九年一一月九日　有珠郡総代
明治一三年三月一八日　有珠郡長流《おさる》有珠二か村戸長
明治一三年四月三〇日　開拓使御用掛民事局勧業課有珠在勤
明治一五年七月一五日　農商務局兼札幌県十等属
明治一八年八月一日　士族編入
明治一九年二月二六日　依願免本官
明治二三年四月七日　西紋鼈《もんべつ》郵便局長

開拓使や農商務省に役人として勤仕する一方、有珠郡の伍長や総代、西紋鼈郵便局長を勤めるなど、地域代表・名望家としても活動していたようだ。

　村木家文書には、明治維新後の孝英の活動に伴って発生した資料も複数残る。なかでも多く残されるのは、男爵となった伊達邦成やその息子基との書簡である。孝英は先に見た諸職を勤める一方、男爵亘理伊達家の家扶を勤めていた。そのため、男爵家の経営について、同僚の田村顕允や斉藤格らと奮闘していた様子が残された記録からわかる。

　また、村木家文書のなかで特徴的なのは、東北戦争に関わる記録である。東北戦争時に発給された伝達や戦況報告・軍隊編成、明治二年頃に作成された東北戦争への従軍・戦死者の調査記録などの、東北戦争時に発生した記録がまとまって残されているが、これらは村木家に関わるものばかりではない。さらに注目されるのは、明治中期になって亘理伊達家中で作成されたとみられる東北戦争への従軍・戦死者の調査記録の存在である。

亘理伊達家中を含む北海道に移住した武家の多くは、廃藩置県に伴ってその身分を平民とされた（当主は士族、家臣は平民）。知行宛行状を持ち込んでいることからも、移住者達は自身が主君と主従でむすばれた武家であることをアイデンティティとしており、平民から士族となることを希求していた。それはやがて、士族籍への復帰をめざす士族復籍運動となり、明治一〇年後半から、主君を華族にすることと併せて、移住者たちの大きな課題となった。移住者たちは自身が戦闘者であることを証明するために、屯田兵や西南戦争に従軍し、さらに自身がかつて武家であったことを、記録を通じて証明していく。移住者達の中心にあった孝英は、東北戦争の記録を調査収集し、亘理伊達家中の武士としての記憶をまとめていたのであろうか。

4　移住者のアーカイブズを守っていくために

移住者が持ち込んだアーカイブズは、継承していく上での一つの難点を抱えている。亘理伊達家の場合、移住者が持ち込んだモノは宮城県亘理町にあったモノであり、移住先の伊達市（胆振国有珠郡）のかつての様子を記すものでは無い。伝来地と内容の乖離は、移住の記憶が薄れていくな

大雄寺宝物館

かで、継承していく意義を見いだしづらくさせ、これから先の継承が難しいという声も多く聞かれる。亘理伊達家の場合、亘理伊達家資料は早くに伊達市に寄贈され、現在、だて歴史文化ミュージアムに収蔵、公開されている。一方、継承が困難になった家臣団の資料は、亘理伊達家菩提寺の膽《い》振山《ぶりさん》大雄《だいおう》寺《じ》に収蔵されている。明治以来、家臣団の拠点となってきたこの場に、紐帯となってきたモノが収められ、関心を持つ市民の手で整理・解読されている。移住によって持ち込まれたアーカイブズは、移住という経験によって結ばれた二つの地域を結ぶ文化遺産であるはずであり、亘理町と伊達市とで共有すべきモノである。内容を紐解けば、亘理（宮城県亘理郡亘理町）と有珠（北海道伊達市）とがどのような関係で結ばれていたかがわかる。内容に対する関心が高まれば、継承への後押しとなる。そうした観点から筆者たちは、亘理伊達家文書調査研究会を結成し、微力ながらそのお手伝いをはじめた。アーカイブズを継承していくために欠かせないのは、人々の関心であろう。かつて、海を越えて大切に守り伝えられてきたものを、これから先の人々に届けるのは、私たちの役割である。

一方で、移住者の経験は、明治期に北海道でおこったもう一つの出来事を照射する手がかりとなる。移住先の地域には江戸時代以来、アイヌの共同体が存在していた。移住者はどこにどのように移住し、先住者とどのような関係を築いたのか。これから先の関係を考えるためにも、移住者、先住者の経験を、記録から紐解いていく必要がある。

参考文献

・三野行徳「明治維新と武家の北海道移住―有珠郡における新たな共同体形成―」（旅の文化研究所『旅の文化研究所研究報告』二三号、二〇一三年）
・久留島浩・三野行徳「幕末維新期の武士―武力と身分―」（趙景達・須田努編『比較史的に見た近世日本』東京堂出版、二〇一一年）
・工藤航平「北海道所在の民間アーカイブズの特質―分割管理された「移住持込文書」の伝来と意義―」（国文学研究資料館編『社会変容と民間アーカイブズ』勉誠出版、二〇一七年）
・檜皮瑞樹「明治初年の北海道移住と在地社会―胆振国有珠郡を中心に―」（歴史学研究会『歴史学研究』九八九号、二〇一九年）
・亘理伊達家文書調査研究会『亘理伊達家文書調査研究会成果報告書Ⅰ　北海道伊達市大雄寺所蔵　亘理伊達家中諸家文書目録』（亘理伊達家文書調査研究会、二〇一四年）
・亘理伊達家文書調査研究会『亘理伊達家文書調査研究会成果報告書Ⅱ　田村家文書目録』（亘理伊達家文書調査研究会、二〇二四年）

19

守られた企業史料から分かること

在来木綿からタオルへ

——加古川地方の産業史——

西向宏介

対象地域

兵庫

1　倒産後に残された史料群―稲岡工業株式会社文書―

平成二三年（二〇一一）三月、日本のタオルメーカーの草分けであった兵庫県加古川市《かこがわし》の稲岡《いなおか》工業株式会社が経営破綻し、一二〇余年の歴史に幕を閉じた。同社のある加古川地方は、近世以来、綿作・綿織物業が盛んであり、同社を創業した稲岡家は、この一帯を領有した姫路藩《ひめじはん》の木綿専売制のもとで木綿問屋として活動した。明治以降は、在来木綿の製造業からタオル製造業へと転換し、日本の輸出タオル製造業を牽引していったのである。

倒産後の同社には、近世文書を含む明治・大正・昭和戦前期を中心とした膨大な史料が残された。その中には、かつて『加古川市史』の編纂で調査・使用されたものも含まれていた。これらの

【写真1】稲岡商店本店工場（1951年）

文書は、もしそのまま放置されていれば、いずれ廃棄処分され、加古川地方の重要な歴史を語る史料を失い、市史の記述は根なし草になっていたことであろう。

この膨大な史料を救い、守り伝える活動をされているのは、地元の方々が中心になって結成した「稲岡工業株式会社文書」保存会である。地域住民が主体となって史料保存活動が行われること自体、事例的には少ないが、保存する対象が倒産した企業の史料であるという事例は極めて珍しい。この残された膨大な史料から何が分かるのか。以下では、この稲岡工業株式会社文書が語る加古川地方の木綿およびタオル製造業史をたどり、地域での史料保存活動の意義を考えてみることにしたい。

【写真2】運び出された稲岡工業の史料群

2 近世の木綿産地・加古川地方と姫路藩木綿専売制

播磨国は代表的な綿作地の一つとされ、加古川地方は近世姫路藩領の中でもとくに綿織物の一大産地であった。この姫路藩領で木綿専売制が実施されたのは文政四年（一八二一）三月、姫路城下の切手会所で木綿札（藩札）の発行を開始して以降とされており、専売制のもとで姫路木綿は江戸積《えどづみ》（江戸に向けて荷を積み出すこと）が実施されることとなった。この専売制を主導したのは、姫路

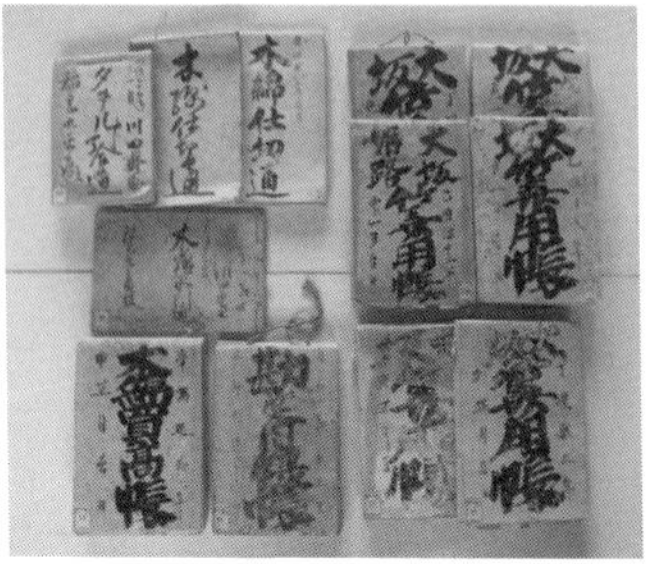

【写真3】稲岡家の木綿関係帳簿

城下の江戸積問屋らであったが、姫路木綿の主産地であった印南《いんなみ》郡《ぐん》・加古《かこ》郡《ぐん》の木綿問屋・仲買らの活発な活動を踏まえ、天保七年（一八三六）三月、新たに「長束《ながそく》仕法」という取り決めを定め、両郡の問屋・仲買らを専売制のもとに組織したのである。

この両郡で生産された木綿は「長束木綿」と称し、これを扱う産地の「長束問屋」は三〇軒ほどが株仲間に組織されていた。この長束問屋のうち、幕末期に急速に成長したのが木綿屋《もめんや》九平《くへい》（稲岡家）であった。九平は、印南郡横大路《よこおおじ》村の大蔵《たいぞう》から天保一二年（一八四一）八月に分家し、長束問屋として創業したが、同家は当初から、江戸のみならず大坂市場への取引も積極的に行い、急成長を遂げた。

稲岡工業株式会社文書の中には、稲岡家が創業した天保期以降の木綿取引を示す近世の帳簿類が残っている。中でも、「大坂算用帳」と書かれた帳簿の存在が目を引くが、稲岡家は創業時から、大坂木綿商の住吉屋《すみよしや》徳之助《とくのすけ》との関係を軸に木綿取引を行い、幕末期にかけて住吉屋との取引に傾倒するようになる。こうした取引のあり方が、江戸積専売制をとる姫路藩から問題視され、稲岡家は一時姫路藩から営業停止処分を受けることとなった。しかし、営業再開後も、稲岡家は住吉屋を通じて江戸へ木綿を送ることで大坂問屋との関係を維持し続け、やがて姫路藩最大の木綿問屋へと成長していったのである。

3　外来綿による打撃と再生への模索

明治期に入ると、加古川地方の綿織物業は、姫路藩による統制がなくなった反面、外来綿製品の輸入圧力を受けて衰退していくこととなった。

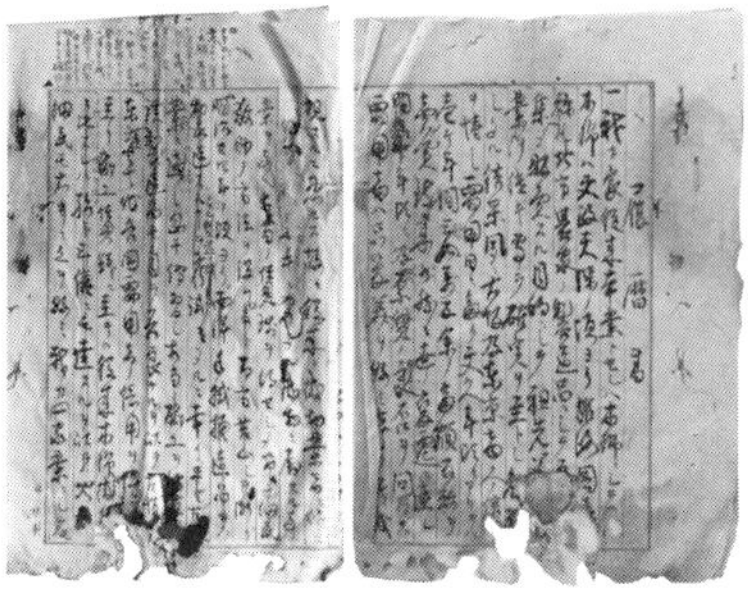

【写真 4】木綿からタオルへの転換経緯を記した「履歴書」

稲岡九平は明治二〇年（一八八七）三月、木綿の粗製濫造《そせいらんぞう》を防ぎ、在来綿織物業の維持発展を図るため、東播《とうばん》五郡《ごぐん》木綿製《もめんせい》造元組合《ぞうもとくみあい》を結成した。しかし、その後も衰退を食い止めることはできず、同二六年一二月、木綿製造元組合は解散することとなったのである。

ただし、組合を解散する前の明治二四年（一八九一）一一月、稲岡九平は新たに「稲岡商店」を創業しており、いち早く在来綿織物業からタオル製造業への転換を図っている。タオル製造業へ転換した理由について、稲岡工業株式会社文書に残る「履歴書《りれきしょ》」という文書の中に、次のような記述がある。

我地方《わがちほう》ハ古来農間《こらいのうかん》ノ余業《よぎょう》ニシテ織物業ニハ熟練ナレトモ

之ヲ措テ他ニ業ナシ、茲《ここ》ニ至テ細民《さいみん》ノ困難一方《ひとかた》ナラス、（中略）救助ノ方法ヲ設ケタキモノト百方《ひゃっぽう》考フルニ、従来ノ木綿ハ其《その》使用ノ途《と》多シト雖《いえど》モ、就中《なかんずく》手拭《てぬぐい》ニ化《か》スル事最モ多シ、本品ニシテ其需用《そのじゅよう》ヲ減《げん》シタルハ舶来ノタヲルニ起因セル事ヲ発覚シ（以下略）

当時、加古川地方では、木綿織に熟練した農家の婦女子が多かったものの他に稼ぎがなく、織物生産者を救済する方法を模索していた。その際、この地方における在来木綿の用途の多くが手拭であることに着目し、その衰退要因が輸入タオルとの競合関係にあると考えたのである。そこで、国産紡績糸《ぼうせきし》によるタオル製造業に転換することで輸入タオルに対抗し、織物生産者を救済しようと考えたのである。

4　タオル製造業の展開と海外市場への輸出

こうして稲岡九平は、「稲岡商店」としてタオル製造業へと大きく舵を切ったのであるが、タオルは創業当初から海外とくに中国への輸出を目的として生産されていた。それを可能にしたのは中国輸出を手がける阪神の貿易商の存在であり、近世以来大坂商人と密接な関係を築いていた稲岡は、当初から海外市場を開拓する手立てを有していたのである。

日清戦後の明治二九年（一八九六）、稲岡商店は初めて中国へのタオル輸出を行った。当初は、大阪商人を通じて輸出していたが、三〇年代からは、稲岡商店みずからタオル輸出を手がけるようになる。その主たる販路の一つは、神戸居留地の中国人貿易商である怡和号《いわごう》への広東《かんとん》・香港向けタオルの委託販売であり、もう一つは、大阪綿花商の上海《しゃんはい》支店である東興洋行《とうこうようこう》・田辺洋行《たなべようこう》などとの取引による輸出であった。三二年には商標登録を行い、広東・香港・シンガポール向けには「鹿印《しかじるし》」を、上海・長江《ちょうこう》一帯向けには「錨印《いかりじるし》」を用いた。このほか、天津《てんしん》向けには「砲車印《ほうしゃじるし》」、海峡植民地・インド・豪州向けには「斧印《おのじるし》」などの商標を用い、稲岡タオルはブランドとして海外に広く受容されていったのである。

【写真5】稲岡タオルの商標「鹿印」と「錨印」

稲岡のタオル生産量は、明治三六年（一九〇三）には一〇万打《ダース》に達したが、そのうち九万二〇〇〇打は輸出されており、これは、当時の日本におけるタオル輸出量の九％を占めていた。また、輸出の好調に伴って生産規模も拡大させ、近隣各地に分工場を設置していった。分工場の運営は綿織物業を担ってきた地元の有力者を工場主任として請け負わせ、在来木綿の賃織を担ってきた農家の労働力を職工として多数雇用した。

こうして印南郡を中心とする加古川地方はタオル産地として再生した。稲岡商店は、明治末期には、工場四〇か所、職工一四〇〇人、タオル織機一一四〇台を擁する国内最大のタオル製造業者へと成長したのである。

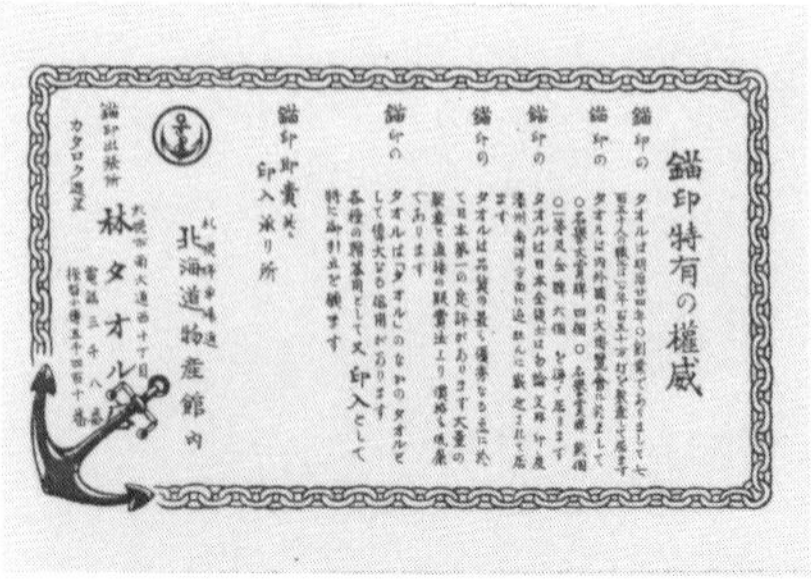

【写真6】稲岡商店仙台出張所の絵葉書（右）と「林タオル店」の広告（左）

5　日貨排斥と国内市場へのシフト

稲岡は、経営基盤を強化するべく、明治三九年（一九〇六）一月一日に従来の個人営業から合名会社《ごうめいがいしゃ》稲岡商店へと改組した。日露戦後恐慌と辛亥《しんがい》革命に続く中国各地での武装蜂起《ぶそうほうき》の影響により、上海を中心とする稲岡のタオル販売は一時打撃を受けたものの、四四年には、日本の全タオル輸出のうち稲岡商店のシェアは二五％にまで上昇した。

しかし、大正八年（一九一九）五月頃より、上海を中心に日貨《にっか》排斥《はいせき》運動が起き、さらに翌年の戦後恐慌により、稲岡商店のタオル輸出は大きな打撃を受け、生産縮小を余儀なくされた。同年には四工場を、九年には一挙に一一の分工場を閉鎖し、最終的には、力織機化した五工場を残して、手織機工場を全て閉鎖したのである。

中国市場への販路に行き詰まりを見せた稲岡商店は、次第に内需拡大を図り、国内各地に営業所（出張所）を開設していった。大正一〇年（一九二一）に岡山出張所を開設した後、一四年には別府《べっぷ》・京都・仙台に出張所を開設した。また、代理店の開拓にも努めており、一三年には北海道札幌市の林タオル店を稲岡の特約店とし、「錨印」タオル販売の契約を結んだ。こうして、稲岡商店はタオルの国内市場開拓を進めていったのである。

6　戦時統制下のタオル製造業

昭和期に入ると、やがて戦時統制の時代を迎えることとなった。昭和一二年（一九三七）七月七日の盧溝橋《ろこうきょう》事件を機に日中戦争が勃発すると、戦時体制のもとで、タオル製造業も統制と生産縮小を余儀なくされていった。そんな中、稲岡は一四年に「いかりや合資会社」を設立し、広島市天神町《てんじんまち》に出張所を置いて販売の拡大を図るのであるが、同業者から強い反発を受けて、一八年一月には解散せざるを得なかった。

昭和一九年（一九四四）二月には、「日本タオル製造統制組合」のもと、生産団体の大幅な整理縮小がなされ、同統制組合の近畿支部では三つの施設組合と稲岡商店のみに統合された。タオルを含む繊維産業は、戦時下では平和産業と見なされ、その経営は困難を極めた。残った稲岡商店の各工場では、織機が供出させられ、ある工場は飛行機の部品製造のため、またある工場は兵器・弾薬などの製造・修理を行うため、軍に徴用された。二〇年五月には、金属供出《きんぞくきょうしゅつ》のため五〇〇台以上もの織機をハンマーで叩きこわしたという。八月にも織機の供出命令が下り、これで万事休すと思われたところで日本は敗戦となった。稲岡商店は辛うじて生き延び、昭和三七年（一九六二）に稲岡工業株式会社となった。

7　歴史資料を守ること

以上、稲岡工業株式会社文書が語る加古川地方のタオル製造業史を概観してみた。綿織物業からタオル製造業への連綿とした歴史は、単にこの地方の地場産業の歴史というにとどまらず、戦前期まで日本の主要産業であった繊維産業ひいては日本経済史そのものといっても良い。地元の人々による史料保存会活動によって、その歴史の裏付けとなる史料群が消失の危機から救われたことの意義は計り知れない。

【写真7】史料を保管する事務棟で開かれた保存会のイベント（2017年6月）

膨大な史料は、会社跡地を取得した鉄工会社から事務棟を借りて保管している。地域の共有遺産である歴史資料を守る理念と、史料を保管する建物、そして史料保存を担う人々が集うことで成り立つ保存会の姿は、いわば「草《くさ》の根《ね》文書館《もんじょかん》」と呼ぶべきものである。

では、地域の歴史資料を守る理念とはどのようなものであろうか。そこには決して高尚な理屈が必要なわけではない。かつて家族が稲岡に勤めていた人にとっては、会社の史料というだけで親しみを覚える人も少なくないであろう。また、古くから地元に根差した企業の史料には、地元地域との密接な関係を示す文書も少なくない。稲岡九平は明治期に印南郡内の各種議員を務め、様々なインフラ整備にも関わっており、地元の学校へも様々な物品の寄贈を行ってきた。また、そうした地域に密着した史料でなくとも、稲岡商店が当時購入していた様々な雑誌類を見ることで、当時の時代そのものを体感することができ、そこに史料保存の意義を見いだすこともできる。文学雑誌『都《みやこ》の花《はな》』をはじめ、『女学世界《じょがくせかい》』や『家《いえ》の光《ひかり》』など、明治以降に創刊された政治・社会・教育・文芸に関わる雑誌・書籍類から、当時の世相に思いを馳せることもできよう。

　そうした地方史の面白さを地元に残る史料に触れて体感することで、自ずとそれらを残そうとする活動につながっていく。地域の歴史資料を守る理念とは、実際には、こうした史料に触れる喜びそのものであると言えよう。

参考文献
・岡本彰一『本邦タオル工業誌』（日本タオル工業組合聯合会、一九三五年）
・西向宏介「幕末期姫路木綿の流通と大坂問屋資本」（『ヒストリア』第一三三号、一九九一年）

・『加古川市史』第二巻（兵庫県加古川市、一九九四年）
・安藤正人『草の根文書館の思想』（岩田書院、一九九八年）
・西向宏介「在来綿織物産地の変容と近代アジア貿易―播州稲岡商店のタオル輸出をもとに―」（『史学研究』二二四号、一九九九年）
・『加古川市史』第三巻（兵庫県加古川市、二〇〇〇年）
・渡辺千尋「対中経済進出の拠点としての上海―日本商の直接進出を支えたシステム―（小風秀雅・季武嘉也編『グローバル化のなかの近代日本』有志舎、二〇一五年）
・田中光「近世在郷商人から近代的企業家へ―兵庫県印南郡稲岡商店による輸出向タオル製造の事例―」（『経営史学』第五八巻第二号、二〇二三年）
・『わたの里通信誌』No.一～一〇（「稲岡工業株式会社文書」保存会、二〇一五～二三年）

20

地域資料に見るアジア・太平洋戦争下の山村の暮らし

高知の山奥までやってきた戦争

――高知県津野町口目《くちめ》ヶ市《がいち》集落の『常会記録』を読む――

小幡　尚

対象地域

高知

1　『常会記録　口目ヶ市部落』

ここでは、地域に長く伝えられてきた歴史資料を読むことによって、高知県の一山村の住民がアジア・太平洋戦争下にどのような暮らしを営んでいたのかを考えてみたい。

その資料は『常会記録　口目ヶ市部落』（以下、『記録』）（写真1）である。『記録』が発見されたのは二〇二〇年のことである。同年八月一五日の地元紙『高知新聞』には、二つの記事（「戦争支えた山村の『常会』　旧東津野村で議事録発見　食糧の大々的な増産　戦争生活の徹底的な実践」・「戦時統制山奥まで浸透　旧東津野の常会詳細に記録　農民の生活と心縛る」）が掲載され、その内容が詳しく紹介されている。

『記録』は、口目ヶ市集落の旧家に伝えられていたものである。元県職員の横山好史氏がその存在を知り、保存のために尽力したことによって世に出た。横山氏に協力し、『記録』を歴史資料として活用するための作業をともに行ったのが高知地域資料保存ネットワーク（以下、資料ネット）

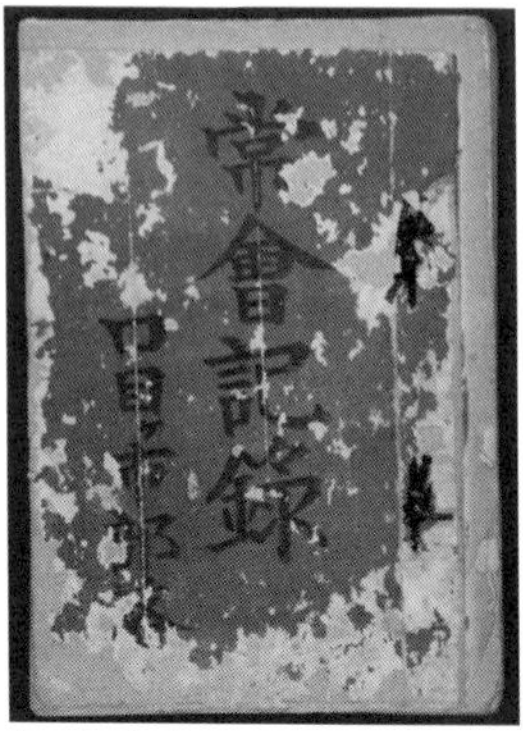

【写真1】『常会記録　口目ヶ市部落』表紙

の前身である高知戦争資料保存ネットワークであった。

2　高知地域資料保存ネットワークの活動

地域に眠る歴史資料を発掘し、誰でも利用できるかたちで保存することは、地域の歴史を探究するための前提となる重要な仕事である。しかし、博物館や大学などの研究機関が少ない地域でそのような作業を継続的に進めることは容易ではない。その意味で、高知県は恵まれた地域とは言いがたい。

資料ネットは、そのような状況にある高知で歴史資料の保存と活用を目的に活動する民間団体である。資料ネットの活動の中心となるのは次のような作業である。所蔵者によって持ち込まれた資料を整理し、目録を作成する。撮影して画像データ化する。中性紙封筒へ封入するなど保存に適する状態とし、現物を所蔵者に返す。目録を刊行し、データをＤＶＤに収録しオーテピア高知図書館（高知県立図書館と高知市民図書館の合築施設）などで公開する。

資料ネットは、二〇一六年に発足した高知戦争資料保存ネットワークが、近世資料など地域の歴史資料全般を扱うようになったため二〇二一年に改称したものである。発足当初から現在まで、筆者が会長を務めている。

発足時の名称に示されているように、戦争に関する資料の保存が資料ネットの活動の大きな柱である。これまで整理してきた戦争資料の中には貴重なものも多い。『記録』もその一つである。なお、『記録』の目録と解題、画像データは前述の方法ですでに公開し（高知地域資料保存ネットワーク：二〇二三、二八頁）、原資料は津野町教育委員会が所蔵している。

3　口目ヶ市部落会と常会

『記録』は、表紙に「常会記録　口目ヶ市部落」と記された一冊の綴りである。ほぼB5版の大きさで、九六頁ある。ここには昭和一八年（一九四三）一月から同一九年一一月まで、月に一度開かれていた二三回の常会の内容が具《つぶさ》に記録されている。

口目ヶ市集落は、四国カルストの東側に位置する天狗高原の麓、津野町芳生野《よしうの》丙《へい》にある（写真2）。津野町は、二〇〇五年に葉山村と東津野村が合併して発足した。『記録』作成時の同集落は、「高知県高岡郡東津野村口目ヶ市部落」であった。高知県統計書によれば、昭和一四年末の東津野村の人口は五〇九八人、戸数は一〇八二を数えた。そのうちおよそ八割の八五五戸の生業が農業であった。

ところで、昭和一五年九月に内務省訓令「部落会町内会等整備要領」が発せられ、全国にわたっ

【写真2】現在の口目ヶ市集落
※2024年5月25日、筆者撮影。写真の中央辺りに口目ヶ市生活改善センターがある。

て、市街地に町内会、村落に部落会が置かれた。町内会・部落会は区域内の全世帯によって構成され、全住民の参加が義務づけられた。口目ヶ市の部落会も、要領に基づいてこの頃に新設されたものと考えられる。

「要領」は、部落会・町内会の設置目的を四点挙げる。すなわち、「隣保団結ノ精神」によって住民を組織し「万民翼賛ノ本旨ニ則リ地方共同ノ任務ヲ遂行」させること、国民の「道徳的錬成ト精神的団結ヲ図ル」こと、国策を広く浸透させ「国政万般ノ円滑ナル運用」に役立てること、そして「国民経済生活ノ地域的統制単位トシテ統制経済ノ運用ト国民生活ノ安定上必要ナル機能ヲ発揮」させること、である。また、常会については、「物心両面ニ亘《わた》リ住民生活各般ノ事項ヲ協議シ住民相互ノ教化向上ヲ図ル」ための「全戸集会」と定めている。

『記録』は、口目ヶ市部落会によって定例的に開催されていた住民集会である常会の議事を記録したものである。二年間の常会で話し合われた内容を見ることにより、アジア・太平洋戦争下に国がこの地域に何を求めていたのかを知ることができる。

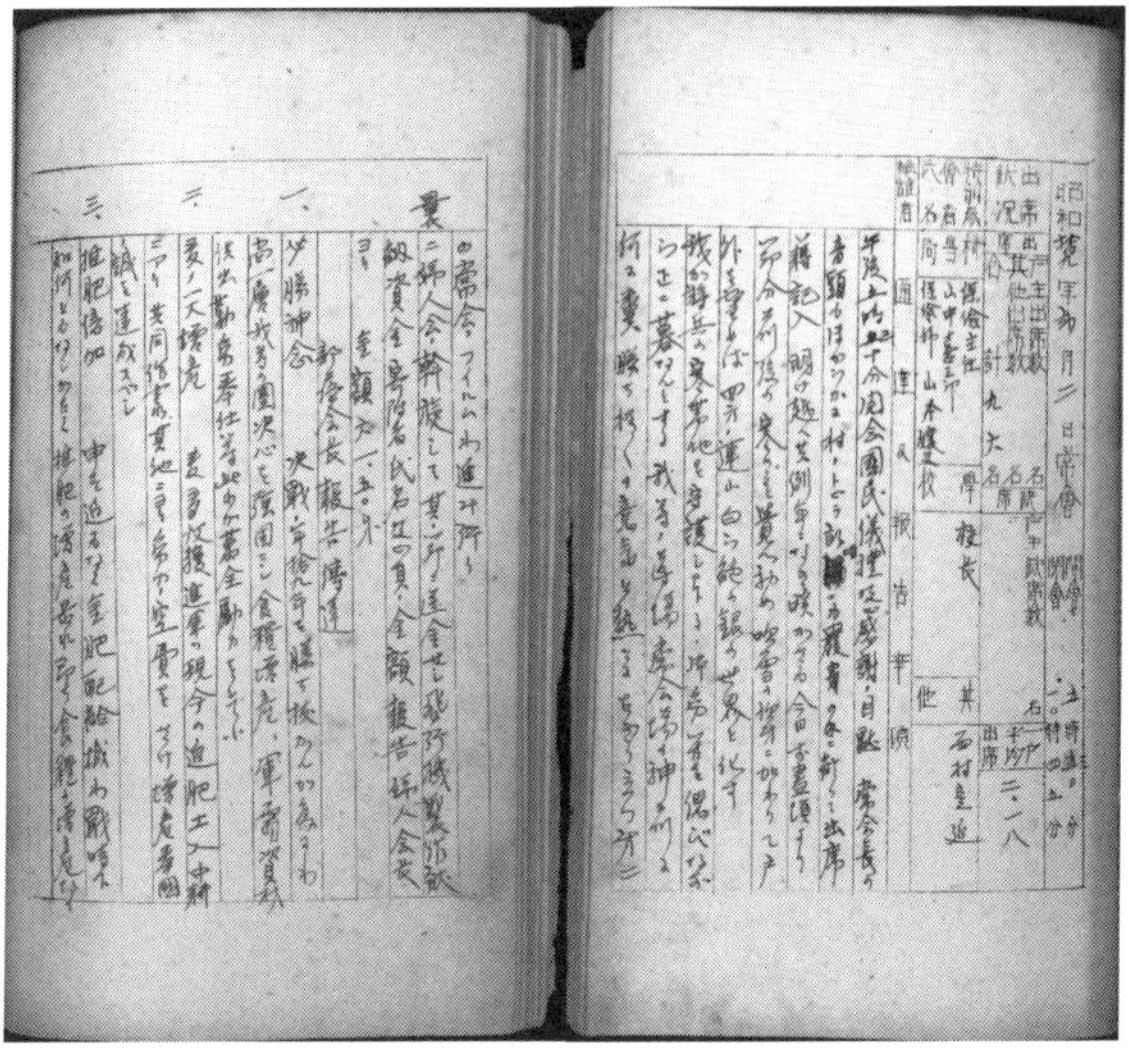

【写真 3】昭和 19 年 2 月 2 日の記録

4　常会の議事

『記録』全体を見ると、常会の開催時間は午後七時頃から一一時過ぎまでが多かった。参加人員は、多いときは一三〇名、少ないときでも七〇名であった。参加人員の記載から推定すると、部落の戸数は四五戸前後、人口は二〇〇人強であったようだ。「発見者」の横山氏によれば、現在口目ヶ市生活改善センターが建つ場所にあった産業倉庫の二階で常会が開催されていたという（写真2を参照）。

では、口目ヶ市部落会の常会の議事内容について具体的に見ていこう。例として、昭和一九年二月二日の記録を掲げる。写真3は同日の記録（全四頁）のうちの最初の二頁である。この日の常会は一七時半から二二時四五分まで五時間以上にわたって行われた。出席者は九六名で、一戸あたりの平均出席者数は二・一八とある。「特別参会者」として村役場の二人の職員と国民学校校長などが参加していた。

この日の常会記録は次のように始まる。

> 国民儀礼及ビ感謝ノ目黙《ママ》（引用者注、「黙祷」の誤りか）常会長の音頭もほがらかに　村ノトビラ朗唱も厳粛の内ニ終って　出席簿記入　明け越へ共例年ニなき暖かさも今日お昼頃より節分前後の寒さを覚へ初《ママ》め　吹雪の次第ニ加わりて　戸外を望めば四方ノ連山白ら絶《ママ》に銀の世界と化す　我が将兵の寒帯地を守護シ被下《くだされ》る御労苦を偲びながら正ニ暮なんとする我等ノ導《ママ》場常会場の神前に何《な》に糞《くそ》勝ち抜くの意気と熱とにたぎり立つ第二の常会ノフイルムわ進み行く

開会時にいくつかのセレモニーが行われている。「国民儀礼」とは「宮城《きゅうじょう》遙拝、黙祷、君が代（国歌）斉唱二唱を通例」とするものだという（情報局：一九四一、四六頁）。つまり、会の冒頭で宮城＝皇居を拝み、戦没者等に黙祷し、君が代を二回斉唱している。その後に、戦地にいる将兵への謝意が示された。この日の記録にはないが、伊勢神宮や靖国神社を遙拝することもあった。

同部落から出征した兵士の数は判然としない。『東津野村史』によれば、アジア・太平洋戦争で没した同村出身者は二一五名、そのうち口日ヶ市出身者は九名だという。この時点で戦地にいる同部落出身者も多くいたのだろう。

会場にあった神棚に向かって「なにくそ勝ち抜く」との意気を示しながら会は始まった。次に「部落会長報告伝達」の「一」から「三」までを示す。

一、必勝神念《ママ》　決戦ノ年拾九年を勝ち抜かんが為にわ
　尚一層我等の団決《ママ》心を強固ニシ食糧増産、軍需資材
　供出勤労奉仕等此れが万全
　励《ママ》力を乞ふ

二、麦ノ一大増産　麦多収穫進軍ワ現今の追肥土入中耕
　ニアリ　共同作業其他ニヨリ労力ノ空費をさけ増産奉国《ママ》
　ノ誠を達成スベシ

三、堆肥倍加　申す迄もなく金肥配給減わ戦時下
　如何ともなしがたく堆肥の増産是れ即ち食糧の増産なり

ここでもまず「必勝の信念」が強調される。ここでの信念は単に心構えの問題ではなく、「食糧増産、軍需資材供出」などに尽力することで表されるものであった。「二」では麦を増産すること

で国に報いること、「三」では食糧増産のために堆肥の増産が求められている。

さきに述べたように、部落会は「国政」「国民経済生活」を支えるために設けられた。『記録』を読んでいくと、敗色が濃くなった戦局の下、戦争継続のためにさまざまなことが部落に求められていたと分かる。その主たるものが供出である。そして、人々の生活は配給によって成り立っていた。

5　供出と配給

昭和一九年二月常会の「部落会長報告伝達」の項目は一一まであった。四、七は次のようなものである。

四、縄供出　現在縄不足ノ為重要資材ノ搬
　出ニ支障を来シ居るニ付き製縄機所有者わ多数
　量ノ製作をし搬出スル事　供出法々《ママ》わ実行組合此れを取り扱ふ

七、酒及ビ醤油配給制度ノ件　酒ノ醸造減ニヨリ一般酒の配給
　も減ずる事必条《ママ》ナリ一般御承知ありたし　醤油量に付いても同シク（後略）

供出制度は、昭和一七年（一九四二）に始まった。これは、主要な食糧などの農作物を政府が農民から公定価格で買い上げる仕組みであり、その量も割り当てられた。アジア・太平洋戦争末期

には、必要量の確保が優先され、強権的な運用がなされていたことが知られている。この意味で使用される「供出」という語が『記録』には頻出する。

政府が求める量の農作物を供出するため、食糧増産に励むことが強く求められた。そのため、「農産物増産確保」が「我等山村農民に課せられたる指命《ママ》であり責任である」（昭和一九年六月）と何度も確認されている。

『記録』には、米・麦・馬鈴薯（ジャガイモ）・甘藷《かんしょ》（サツマイモ）・大豆の供出について、割当量を伝えその厳守を求める連絡、増産のための工夫や努力を求める内容の議題が多く見られる。

割当量について簡単に見ておこう。昭和一九年九月の常会では、米の供出について「村割宛《ママ》量二三五石」、同年一一月には部落の割り当てが「三石九斗」とある。米一石を一五〇kgとすると、前者はおおよそ三五 t、後者は五八五kgである。同年七月の常会に示された麦の部落への割り当ては「五十七俵」であった。同年四月にはサツマイモの供出額として、部落へは七七一〇貫目、一戸平均として一七五貫目が割り当てられたという。前者は約二九 t、後者は六五〇kgほどである。増産が強く求められていたことから、かなり厳しい要求であったことがうかがえる。

昭和一九年三月の記録には同年度分の高知県割当額として「米六十五万石　麦三十二万石　甘藷五千万貫」と記されている。換算すると、米九七五〇〇 t、麦四八〇〇〇 t、サツマイモ一八七五〇〇 tとなる。

農作物の他にも、先に見た縄、木材、木炭など、さまざまな物資の供出が求められていた。昭和一九年一一月には、皮が「軍需必要品」であるという理由でウサギを「一戸一体以上」飼育することが要求された。また、「和紙も軍需資材として必要品」だとして原料の楮《こうぞ》の増産が求められた（同年五月）。

この時期、食糧や日用品などの物資は政府の統制の下で配給の対象となっていた。口目ヶ市部落も例外ではなかった。昭和一八年九月には、「米ノ配給が一割減ズルヨシ、雑コク有ル者と無キ者ト見分ケテ配給スル様」になったとの情報が示され、その翌月には「食糧は自給自足する事」とされた。さらに昭和一九年八月には、「雑コクを有する家庭わ米ノ配給を受けぬ」よう要請されている。米の供出を強く求められながら、自分たちの元には米が配給されず、雑穀を食べることが強いられていた。

さきに、昭和一九年二月に酒・醤油の配給量減少の見通しが伝えられていたことを述べた。他の物資も十分な量の配給を受けられてはいなかったようだ。それでも、戦争を「勝ち抜かんが為」、そのような事態を受け入れざるを得なかったのだろう。そのため、「贅沢品ハ買入レ見合せ衣料キップハ成るべく使用セズ献納スルコト」（昭和一八年五月）が申し合わされるという事態が生じていた。

6　歴史資料の探索の必要性

ここまで『記録』の記述を材料として、高知県下の一山村の戦時下の暮らしについて概観してきた。もちろん、『記録』から知り得る世界はまだまだ広くそして豊かである。これまで見た事柄の他、軍用飛行機の献納運動、貯金の割り当て、空襲への備え、戦没者の弔い、海軍志願兵の募集、など興味深い史実を示す記述が多くある。それらをさらに深く理解するためには、『記録』の外に目を向ける必要がある。

地域の歴史を詳しく知ることができる歴史資料はまだまだ足下に眠っているはずである。「発見済み」の資料をさらにより深く理解するためにも、資料の探索を続けなければならない。地域の人々の過去の営みについての深い知見を得るためには、そのような作業を積み重ねていくことが必要なのである。

参考文献

・高知地域資料保存ネットワーク - Facebook　https://www.facebook.com/groups/404644176653001
・楠瀬慶太「高知戦争資料保存ネットワークの設立について」(『地方史研究』三八三号、二〇一六年)
・天野真志・後藤真編『地域歴史文化継承ガイドブック』(文学通信、二〇二二年)
・小幡尚「高知地域資料保存ネットワークのこれまでの活動と今後の可能性―戦争資料の『収集・保存』活動を中心に―」(『新しい歴史学のために』三〇五号、二〇二五年)

・高知戦争資料保存ネットワーク編『地域資料叢書二〇　高知県近現代資料集成Ⅰ―目録集―』（同ネットワーク、二〇二一年）
・高知地域資料保存ネットワーク編『地域資料叢書二四　高知県近現代資料集成Ⅱ―目録集②―』（同ネットワーク、二〇二三年）
・高知県統計書　https://www.pref.kochi.lg.jp/doc/toukeisho/
・『戦後自治史Ⅰ（隣組及び町内会、部落会等の廃止）』（自治大学校、一九六〇年）
・情報局編『週報』二六四号（一九四一年一〇月）
・鳥越皓之『地域自治会の研究　部落会・町内会・自治会の展開過程』（ミネルヴァ書房、一九九四年）
・山本悠三『近代日本の思想善導と国民統合』（校倉書房、二〇一一年）
・白木澤涼子「『部落会町内会等整備要領』再考　明治地方自治体制の法制化なき変容」（『日本歴史』八四三、二〇一八年）
・東津野村教育委員会編『東津野村史（上・下）』（同委員会、一九六四・六五年）
・永江雅和『食糧供出制度の研究―食糧危機下の農地改革―』（日本経済評論社、二〇一三年）

あとがき

「はじめに」でもふれられているとおり、シリーズ本七冊目は二〇二四年秋に「石川編」を刊行すべく準備を進めておりましたが、能登半島地震により延期されました。被災地にいらっしゃる執筆者の皆さまに、あらためてお見舞いを申し上げますとともに、一日も早い地域の復興をお祈り申し上げます。

刊行計画の変更をうけて、シリーズ本としては一、二冊目以来となる「全国編」を急きょ企画し、これまで取り上げる機会が少なかった地域を中心に紹介することになりました。執筆者には突然の原稿依頼となり、かつ短い期間でまとめていただくことになりましたが、本会評議員・委員各位、そして常任委員のご協力により、二〇本の論考を収録することができました。ご執筆いただいた皆さまに、あらためて感謝と御礼を申し上げます。編集作業は、二〇二三年度の企画・総務小委員会（荒木仁朗・伊藤宏之・乾賢太郎・兼平賢治・工藤航平・桑原功一・鍋本由徳・渡邊浩貴・萩谷良太）が担当しました。そして今回も、文学通信の岡田圭介編集長と渡辺哲史氏にたいへんお世話になりました。

さて、本書もこれまでの編集方針にならって、各地に残された地域資料のなかから、これだと思う資料を取りあげ、丁寧に解説いただくことを執筆者に依頼しました。あわせて、ご自身の経験も交えながら、資料を発見した喜び、研究をすすめる楽しさをご紹介いただいております。歴史上の出来事や人物が、身近な地域資料と繋がりをもって立ち現れてくることも、地方史研究のひとつの醍醐味です。また、資料を博捜するなかで、知られざる先人たちの営みや、息づかいを感じとり、新たな歴史がみえてくることもあります。研究者と地域の人々が協働しながら地域資料を残してきた取組みが示すように、資料保存とその先にある研究は、たくさんの人と人とのつながりによってはじめて成り立つものです。

〝だから地方史研究はやめられない〟

地域の現場で多様な資料と向き合いながら研究を進めることのおもしろさを、本書から感じ取っていただければ幸いです。

企画・総務小委員会を代表して　萩谷良太

執筆者紹介　※執筆順

山内譲（やまうち・ゆずる）一九四八年生。松山大学元教授。主要業績『中世瀬戸内海地域史の研究』（法政大学出版局、一九九八年）

小林准士（こばやし・じゅんじ）一九六九年生。島根大学法文学部教授。主要業績『日本近世の宗教秩序―浄土真宗の宗旨をめぐる紛争―』（塙書房、二〇二二年）

松本洋幸（まつもと・ひろゆき）一九七一年生。大正大学文学部教授。主要業績『近代水道の政治史』（吉田書店、二〇二〇年）

厚地淳司（あつち・じゅんじ）一九六四年生。駒澤大学文学部非常勤講師。主要業績『近世後期宿駅運営と幕府代官―東海道三島宿改革仕法を中心に―』（岩田書院、二〇二三年）

栗原健一（くりばら・けんいち）一九七一年生。立正大学文学部専任講師。主要業績「幕末維新期における庶民日記とその記主」（『立正大学人文科学研究所年報』六〇号、二〇二三年）

若山浩章（わかやま・こうしょう）一九五八年生。延岡市史近世部会委員。主要業績『宮崎県史　通史編中世』（共著、一九九八年）

兼平賢治（かねひら・けんじ）一九七七年生。東北学院大学文学部教授。主要業績『近世武家社会の形成と展開』（吉川弘文館、二〇二〇年）

渡邊浩貴（わたなべ・ひろき）一九八八年生。神奈川県立歴史博物館学芸部学芸員。主要業績特別展示図録『仮面絢爛―中世音楽と芸能があらわす世界―』（神奈川県立歴史博物館、二〇二四年）

桐生海正（きりゅう・かいせい）一九九〇年生。神奈川県立足柄高等学校教諭。主要業績「近世後期小田原藩領の山間村落と漆液流通統制の展開―韮山代官所による内探を手がかりに―」（『関東近世史研究』第八六号、二〇二〇年）

髙木謙一（たかぎ・けんいち）一九八一年生。東京都公文書館史料編さん担当。主要業績「近世後期佐倉牧周辺における御林の管理と百姓林の利用」（『関東近世史研究』第九〇号、二〇二二年）

佐藤貴浩（さとう・たかひろ）一九八三年生。足立区地域のちから推進部生涯学習支援室地域文化課文化財係学芸員。主要業績『「奥州の竜」伊達政宗』（KADOKAWA、二〇二二年）

三浦忠司（みうら・ただし）一九四八年生。八戸歴史研究会会長、安藤昌益資料館館長。主要業績『城下町南部八戸の歴史』（伊吉書院、二〇一九年）

宮坂新（みやさか・あらた）一九七八年生。館山市立博物館学芸係長。主要業績「近世後期館山湾における漁業争論と領主支配―安政期出し網一件を事例として―」（『千葉史学』第八〇号、二〇二二年）

長谷川幸一（はせがわ・ゆきかず）一九八一年生。大本山永平寺学術事業推進室主任調査研究員。主要業績『永平寺史料全書』文書編三巻（大本山永平寺、二〇一八年）

平井義人（ひらい・よしと）一九五五年生。大分県日出町歴史資料館・帆足萬里記念館館長。主要業績「地域災害史の検証と必要となる史料の姿」（国文学研究資料館編『社会変容と民間アーカイブズ』勉誠出版、二〇一七年）

山下真理子（やました・まりこ）一九八七年生。世田谷区政策経営部政策企画課区史編さん担当資料調査員。主要業績「世田谷地域における高野山信仰の展開」（『区

史研究　世田谷』第四号、二〇二四年）

須永敬（すなが・たかし）一九七二年生。九州産業大学国際文化学部教授。主要業績「北部九州における修験霊山の神道化と教派神道」（『九州産業大学国際文化学部紀要』七九号、二〇二二年）

三野行徳（みの・ゆきのり）一九七三年生。昭和女子大学大学院 生活文化研究専攻 専任講師。主要業績「明治維新と武家の北海道移住―有珠郡における新たな共同体形成―」（『旅の文化研究所研究報告』（二三号）、旅の文化研究所、二〇一三年）

西向宏介（にしむかい・こうすけ）一九六五年生。広島県立文書館総括研究員。主要業績「地域史料所在調査と自治体文書館の役割」（国文学研究資料館編『社会変容と民間アーカイブズ』勉誠出版、二〇一七年）

小幡尚（おばた・ひさし）一九六八年生。高知大学教育研究部人文社会科学系教授。主要業績「高知県中山村と日露戦争―地域の対応と帰還した兵士の動向―」（『高知人文社会科学研究』第七号、二〇二〇年）

シリーズ刊行にあたって

地方史研究協議会会長　廣瀬良弘

地方史研究協議会は、二〇二〇年に創立七〇周年を迎えた。これを期して書籍刊行の企画が検討された。全国各地で保存されてきた地域の資史料を学術的にアピールするための企画である。

日本全国の文化財は、国の指定文化財として国宝・重要文化財があり、都道府県の指定文化財もあり、さらに市区町村の指定文化財もある。このうち都道府県や市区町村の指定文化財は、各自治体が地域にとって重要であると考える資史料を指定文化財として保存・公開している。しかしながら、自治体が指定した文化財をその自治体以外の人々が知る機会はそう多くはない。全国の博物館やその他の保存機関などには、限られた研究者のみしか利用されてこなかった資史料も存在している。

これまで全国の文化財行政に携わる人々や研究を志す人々などによって、資史料の調査や保存活動が地道に行われ続けてきた。そうした人々の努力により、将来にわたり、歴史的に価値のある資史料が保存・公開され続けていく。一方で近年、地震や台風、火災などで地域の資史料が被災し、損失している。地域の資史料の地道な保存活動は、多くの人々の理解があってこそ成立する。そのためには、地域の資史料のもつ情報の凄さを広く知ってもらいたいと考える。

本企画は、知名度はかならずしも高くないものの、地域を考えるうえで重要な資史料に焦点をあてて、学術的なその面白さを広めるシリーズ企画である。題して『地方史はおもしろい』である。それらの資史料が地域の歴史のなかでどのような意味を持っているのか。また、それらの資史料からどのような人々の営みやさまざまな情報を読み取ることができるのか。地域で保存され、伝えられてきた資史料をもとに地域の歴史にスポットをあてていく。

ぜひ多くの方々に本シリーズの各書をお手に取って、地域の歴史のおもしろさを身近に感じていただきたい。

二〇二〇年四月

地方史研究協議会

地方史研究協議会は、各地の地方史研究者および研究団体相互間の連絡を密にし、日本史研究の基礎である地方史研究を推進することを目的とした学会です。1950年に発足し、現在会員数は1,200名余、会長・監事・評議員・委員・常任委員をもって委員会を構成し、会を運営しています。発足当初から、毎年一回、全国各地の研究会・研究者と密接な連絡のもとに大会を開催しています。また、1951年3月、会誌『地方史研究』第1号を発行し、現在も着実に刊行を続けています（年6冊、隔月刊）。

◆入会を希望される方は、下記 QR コードよりお申し込みください。

〒111-0032
東京都台東区浅草 5-33-1-2F
地方史研究協議会事務局
FAX　03-6802-4129
URL：http://chihoshi.jp/

シリーズ●地方史はおもしろい 07

だから地方史研究はやめられない

編者　地方史研究協議会

2025（令和 7）年 3 月 31 日　第 1 版第 1 刷発行

ISBN978-4-86766-082-9 C0221

発行所　株式会社 文学通信

〒113-0022　東京都文京区千駄木 2-31-3
サンウッド文京千駄木フラッツ 1 階 101
電話 03-5939-9027　Fax 03-5939-9094
メール info@bungaku-report.com
ウェブ https://bungaku-report.com

発行人　岡田圭介

印刷・製本　モリモト印刷

ご意見・ご感想はこちらからも送れます。上記のQRコードを読み取ってください。